불교 다례

차례

차의 벗, 다구

차인茶人의 멋, 다례

부처님과 차

내 마음을 보는 차명상

한국불교의 차인茶人들

에필로그

茶禪

一味

차공양에 깃든
부처님의 뜻

많은 수행자들이 그렇듯이 저 또한 부처님의 가르침을 배우고자 불가에 귀의하여 부족하지만 수행자의 삶을 살고 있습니다. 진리의 뜻을 실천하려는 제자들이 끊임없이 스스로를 단속하며 정진할 수 있는 것은 삼보의 자비와 지혜 덕분이 아닐까 생각합니다.

수행하는 여정에는 보이지 않는 인내를 필요로 합니다. 특히 가장 견디기 어려운 것이 졸음입니다. 정해진 시간 내에 해야 할 공부를 끝내야 하고, 자신이 맡은 소임을 다 보지 못했는데도 졸음은 염치없이 찾아올 때가 허다합니다. 이때 밀려오는 수마를 물리치기 위한 방편으로 자연스럽게 차를 가까이하게 되었습니다. 또한 찾아오는 학인 스님들과 인연 있는 분들에게 대접할 수 있는 손쉬운 공양물의 하나인 차는 늘 옆에서 대화를 연결하는 몫을 해주었습니다. 사찰의 여러 행사에서 빼놓을 수 없는 다례 역시 스님들이 가람을 수호하며 크고 작은 불사를 진행하는 의례가 되면서, 차의 역할은 자연스럽게 형성되어 왔습니다.

불교다례는 크게 부처님 전에 차를 올리는 헌다의례獻茶儀禮와 대중에게 공양하는 차공양의례茶供養儀禮로 나눌 수 있습니다. 스님들이 하는 식사를 굳이 '공양'이라고 하는 이유는 우리 몸에 필요한 영양분을 공급하여 몸과 정신을 균형있게 하고, 건강한 심신으로 바르게 수행하여 부처님의 뜻을 몸소

실천한다는 의미가 있기 때문입니다. 그래서 스님들은 음식을 대할 때, 공양을 베푼 모든 인연들에 대해 감사하는 마음으로 자신의 수행정도를 되돌아보며 공양을 하게 됩니다.

이 책에서는 사찰의 여러 공양 중 하나이면서, 부처님께 다가가는 수행법인 차명상과 다례의 기본에 대하여 이야기하고자 합니다. 차에 관해서는 여러 스님들을 비롯하여 이미 많은 분들이 좋은 책을 내놓았습니다. 이런 차제에 필자는 차의 어떤 부분으로 부처님의 가르침과 함께할 수 있을까 생각해 보았습니다. 이 책에 담긴 사진들과 함께 차 이야기를 읽어가다 보면 불교다례에서 말하는 차공양의 의미와 차를 다룰 때의 마음가짐 등에 대해 어렴풋이 느낄 수 있을 것입니다.

이 작은 이야기를 통하여 다례 속에 면면히 흐르고 있는 한국불교의 차 문화에 대한 역사와 정신을 되짚어보고, 차와 함께하는 모든 이들에게 행복을 나누는 길잡이가 되기를 바랍니다. 그리고 이 정성이 부처님의 가르침을 전하는 소중한 방편이 되었으면 합니다.

한 바릿대 밥 나물 한 쟁반

배고프면 밥 먹고 피곤하면 잠든다.

물 한 병 차 한 잔

목마르면 손수 차를 달인다.

차 이야기

아름다운 향과 맛으로 정신을 맑게 하는 차의 특성과
각성효과로 잠을 줄여주는 차의 효능은 수행자의 삶에 매우 적합합니다.
이러한 차의 효능은 현대인들에게 재조명을 받고 있습니다.
차는 육체건강과 정신건강을 두루두루 보살필 수 있는
아주 좋은 기호음료입니다.

차茶와 음다법

　'차'란 본디 차나무의 어린잎을 따서 가루를 내거나 덩이를 지어 만든 것입니다. 차나무 잎을 언제 어떻게 따서 어떤 식으로 만드느냐에 따라 참으로 다양한 이름이 붙지만, 찻잎의 발효정도만 따져보면 푹 발효시키는 홍차, 발효를 적게 시킨 오룡차, 빨리 고온에 덖거나 쪄서 발효를 원천적으로 막은 녹차, 가공한 뒤에 다시 발효시키는 보이차(흑차) 등이 있습니다. 또한 차나무 잎으로 만든 것이 아닌 허브티 등도 '차'라고 부르는 경우가 많습니다. 하지만 차나무 잎으로 만든 것을 차로 한정한다면, 차를 구분하는 기준은 발효의 정도입니다.

　같은 종류의 차를 우려 마시는 방법(음다법)도 여러 가지가 있습니다. 중국 당송唐宋대까지는 차를 분말로 갈아서 끓여 마시는 전다법煎茶法이나, 찻잎을 갈아 다선으로 격불하여 마시는 점다법點茶法이 이용되었는데, 이러한 방법은 차를 약이나 음식으로 인식한 결과로 볼 수 있습니다. 명나라 이후부터는 당송대의 음다법이 차츰 사라지고, 찻잎을 뜨거운 물에 그대로 넣고 우려 마시는 포다법泡茶法으로 변모했습니다. 이는 자연 그대로의 맛을 즐기려는 경향에서 생겨난 것입니다. 차의 종류에 따라서 가루차를 솔로 저어 마시는 말차 음다법을 즐길 수도 있습니다.

차에 대한 최초의 전문서는 당나라 때 육우陸羽가 쓴『다경茶經』입니다. 이 책에 따르면 기원전 2300년경에도 차에 대한 언급이 있었다고 하니, 그때와 지금의 차의 형태가 일치하는지는 정확히 알 수 없지만 차의 역사만큼은 매우 오래되었음을 알 수 있습니다.

차를 즐기기 시작한 초기에는 차를 표기하는 다양한 글자가 있었으나, 수나라 말~당나라 때 이르러 차를 즐기는 방식인 음다풍飮茶風과 차를 만드는 제다법이 점점 정립되면서 '다茶'라는 글자로 통일되었습니다. 우리나라에서는 '차'와 '다' 둘 다 사용되고 있으며, 일반적으로 '차'라고 부르고 있습니다.

차의 성분과 효능

일반적으로 찻잎은 수분을 많이 함유하고 있지만, 차나무에서 딴 잎을 음료용으로 가공하는 과정에서 수분은 날아가고 폴리페놀, 카페인, 단백질, 아미노산, 효소, 비타민, 기타 무기 성분들이 남게 됩니다. 이러한 성분들은 차를 마시면 정신을 맑게 하고 영양분을 공급해 줍니다. 티베트와 네팔 등 고산지역에 사는 민족들은 기후 때문에 채식을 하기 어려웠습니다. 이때 이들 민족들에게 비타민 등의 필수 영양소를 공급해 준 것이 바로 차였습니다. 현대인들이 커피 등으로 자주 섭취하는 카페인과 피로회복에 좋다는 폴리페놀 등은 차에도 매우 풍부하게 들어 있습니다.

식사를 한 뒤 시간을 잘 가려서 차를 마시면 소화와 지방 제거에 도움이 되며, 녹차를 예로 들면 다음과 같은 아홉 가지 덕을 받을 수 있습니다. 머리를 맑게 하고, 귀를 밝게 하며, 눈을 밝게 하고, 입맛을 돋우며, 소화를 촉진시키고, 술을 깨게 하며, 잠을 줄여주고, 갈증을 없애주며, 피로를 풀어주고, 추위나 더위를 막아줍니다.

식후 곧바로 차를 마시면 차의 폴리페놀 성분이 음식물에 들어 있는 철분이나 단백질과 응고작용을 해서 소화를 더디게 하므로 주의해야 합니다. 신경쇠약 환자는 잠자리에 들기 전에 차를 마시면 잠을 못 자는 증상이 나타나기도 합니다. 아무리 좋은 차라도 지나치면 몸에 해가 되므로 식전이나 식후에 곧바로 차를 많이 마시지 않는 게 좋습니다. 건강을 위해서 마신 차가 도리어 건강을 해치기 쉽기 때문입니다.

차가 오랫동안 발전해 온 이유는 건강에 이롭기 때문입니다. 이미 현대 과학에서 연구를 통해 차의 특이한 선약 성분과 효능을 확인했습니다. 차의 생엽에는 수분이 75~80% 함유되어 있고, 차의 고형분에는 20~25%의 수분이 들어 있습니다. 18세기 중엽부터 차에 대한 연구를 시작하여 10여 종의 성분을 밝혀냈고, 현재까지 30여 종의 성분과 효능이 확인되었습니다. 한의학에 의하면 9가지 덕의 효능을 체험할 수 있는데, 머리를 맑게 하고, 귀와 눈을 밝게 하며, 입맛과 소화를 돕고, 숙취와 잠을 깨며, 갈증 해소와 피로를 풀며, 더위와 추위를 막아줍니다.

서양의 연구 분석에 따른 차의 효능은 다음과 같습니다.

성분	효능	부위별 맛
카페인	각성 · 강심 · 이뇨 3대 약리 작용	어린잎에 많다. 뜨거운 물에 잘 녹는다.
탄닌	카테킨은 차의 맛에 관여한다. 해독 · 살균 · 지혈 · 소염작용	시고 쓰고 떫은 맛, 산화촉진. 채엽시기가 늦은 차에 많다.
단백질	녹차의 감칠맛은 아미노산의 테아닌 성분	아미노산 25종 중 수용성인 아미노산과 아미드는 어린잎에 많다.
탄수화물	섬유소 12%, 전분, 당	직사광선을 받은 차잎에는 과당과 포도당이 많다.
엽록소	조혈 · 탈취 · 간기능 · 장연동 촉진 효과	엽록소는 덮개를 씌운 차잎에 많고, 홍차에는 거의 없고 녹차에 많다.
방향유	정유 성분과 증류법에 의해 차의 향기를 얻음.	햇차에 많다. 제다공정 중 고온에서 증발한다. 5℃ 저온 보관이 좋다.
유기산	구연 · 사과 · 호백산 등 9종의 성분은 호흡 작용에 관계	초산, 길초산은 향은 좋지 않으나 차의 향에 관계한다.
비타민	비타민 A · B1 · B2 · C, 니코틴산 · 엽산은 피로회복 · 항산화 · 해독효과	발효과정에서 줄고, 옥로는 보통 녹차의 1/2, 레몬 · 오렌지의 2배.
효소	산화효소의 순화작용	홍차의 발효차에 많다.
무기성분	신진대사, 약알카리성 유지 조골 · 조혈 · 불소작용	불소는 노엽에 많고, 어린잎에는 아연이 많다.

차문화 이야기

중국의 차문화

중국에서는 기원전부터 차를 많이 마셨다고 합니다. 중국의 남쪽은 날씨가 덥고 비가 많이 내려서 차나무가 자라기에 적합한 지역입니다. 그런데 이 지역의 물에는 석회질이 많아 그냥 마실 수 있는 깨끗한 물이 부족했습니다. 깨끗한 물이 부족한 독일에서는 맥주를 만들어 마셨고, 이와 마찬가지로 중국 남부지방에서는 차를 마시기 시작했다고 합니다. 차나무 잎을 따서 물을 끓여 마셨고, 여러 가지 요리를 만들어 먹기도 했습니다. 때문에 중국 사람들은 일찌감치 차에 대해 많은 것을 알게 되었고, 약리적인 부분에 대해서도 많은 효능을 알아냈습니다.

진나라가 처음으로 중국 전체를 통일하면서 남부지방에서 생산되는 산물을 파악했고, 그 중에서도 가장 핵심적인 식문화였던 차를 알게 되었습니다. 이렇게 차는 진나라와 한나라를 거치면서 중국 전역에 널리 알려졌습니다. 그러나 중국은 역사적으로 통일과 분열을 거듭하면서 전쟁이 지속된 결과 각 지방 사이에 교역이 활발하지 못했습니다. 이에 따라 차의 효능은 잘 알려져 있었지만, 차문화는 더디게 전파되었습니다. 그래서 차는 그 진가를 알고 있던 지방의 호족들만 즐기는 기호식품에 그쳤던 것입니다.

단순히 깨끗한 물이 없어서 끓여 마시던 차는 오랫동안 식용이나 약용으로만 사용되었습니다. 그러나 불교가 중국에 정착되면서 일대 전기를 맞이했는데, 불교가 들어오면서부터 차를 종교의식과 정신수양의 도구로 사용했던 것입니다. 당나라 이후에는 참선을 중시하는 선불교가 융성했고, 이때 선불교에서 차는 매우 중요한 위치로 자리하게 됩니다. 수행자들이 인간과 마음의 본성을 깨닫기 위한 수행을 하면서 차는 훌륭한 매개체가 되었습니다. 아름다운 향과 맛으로 정신을 맑게 하는 차의 특성과 각성효과로 잠을 줄여주는 차의 효능은 수행자의 삶에 매우 적합했습니다.

불교, 특히 선불교가 널리 퍼지면서 차의 입지도 점점 더 넓어졌습니다. 그 당시의 중국은 선종이 매우 유행하고 있었지만, 도가사상도 함께 널리 알려져 있었습니다. 지금처럼 철학이 단순히 학문이 아니라 종교성도 함께 가지고 있었기 때문에 다양한 철학을 연구하는 지식인과 지방 호족들 사이에도 차가 널리 퍼지게 되었습니다. 당나라 시대는 불교와 다양한 사상, 예술이 꽃피는 시기로서 758년 무렵에는 중국의 차 역사상 가장 탁월한 저술로 평가받는 육우의 『다경』이 발간되었습니다.

선종에서 차가 차지하는 비중은 매우 컸습니다. 선종에서는 차 자체와 차를 마시는 일을 포함한 여러 가지 일들을 수행으로 보았습니다. 특히 백장회해 선사는 차문화를 선불교의 핵심으로 정착시켰습니다.

백장 선사는 차를 통해 부처님과 우주와 교감할 수 있다고 생각하여 엄격한 규칙대로 차를 대해야 한다고 보고 차사茶事를 하나의 수행으로 강조했습니다. 나아가 수행자 스스로 차를 다려서 부처님께 공양하고 대중에게 나누도록 권장했습니다. 이러한 백장 선사의 사상을 후대에서 정리하여 '선원청규'*가 탄생했습니다. 이것은 중국, 한국, 일본 등지에서 여러 청규의 연원이 되었습니다.

제국주의 시대와 현대사의 질곡을 겪은 뒤 중국에서 불교는 명목만을 유지하게 되었고, 자연스레 차문화도 많이 훼손되었습니다. 또한 차문화는 공산당이 집권하고 있는 중국에서 한때 사치문화라 여겨져 배격되기도 했습니다. 그러나 수질이 좋지 않은 곳이 많은데다 기름진 음식을 즐겨 먹는 중국 사람들에게 차는 생활에서 떼려야 뗄 수 없는 것이었습니다. 수십 년 전부터 차는 서서히 재조명받기 시작하여 지금은 널리 관심을 받고 있습니다.

한국의 차문화

우리나라에 차가 언제 들어왔는지 아직 정확히 알려진 바는 없습니다. 가야의 시조인 김수로왕의 부인인 허 왕후가 지금의 인도인 천축국으로부터 차 씨앗을 가져왔고, 이후 신라에 합병되면서 자연스레 신라에 차가 전해졌으리라고 추정합니다. 우리나라 차의 시원이 언제부터인지는 정확히 알 수 없지만 항상 빠지지 않는 이야기가 있는데, 바로 불교입니다. 백제 침류왕 원년(384)에 인도 승려 마라난타가 지금의 영광 불갑사와 나주 불회사를 창건하고 차나무를 심었다고 합니다. 또 신라가 532년 법흥왕 때 김해를 중심으로 한 금관가야를, 진흥왕 때 고령을 중심으로 한 대가야를 정복하여 합병하자 그 지역에서 생산되던 차가 신라에 유입되었다고도 합니다.

무엇보다 527년 이차돈의 순교로 신라에 불교가 본격적으로 유입되면서 차는 활발히 퍼졌습니다. 설총은 꽃을 통해 왕의 덕을 비유한 「화왕계花王戒」에서 신문왕에게 '차와 술로써 정신을 깨끗하게 해야 합니다.'라고 충고하기도 했습니다. 이것으로 보아 당시에는 왕이 술과 더불어 일상의 기호음료 또는 정신수양의 도구로 차를 마셨음을 알 수 있습니다.

* 선원청규禪苑淸規 : 송나라 종색 선사가 백장청규의 뒤를 이어서 선원에서 수행하는 대중들이 일반적으로 지켜야 할 규범을 정한 것

신라시대에는 호국신앙으로서 불교를 인식했던 사선四仙과 화랑들뿐만 아니라, 왕과 승려, 국사國師 등 귀족과 선비들은 물론 가야에서 유입된 백성들 사이에서 퍼져나가 일반 백성들도 차를 마셨습니다. 신라시대의 차문화를 한마디로 표현하면 당나라에서 불교와 더불어 차문화가 전래되어 널리 퍼졌다는 것입니다.

선불교에서는 잠을 쫓아내고 정신을 맑게 하는 차의 효능을 선수행에 활용했습니다. 육법공양 중의 하나로 부처님께 차를 올렸으며, 수륙재·기우제 등 절에서 지내는 의례에 차를 올리는 문화가 발달하게 되었습니다.

한편 고려의 태조 왕건은 신라의 마지막 왕인 경순왕과 신하, 군민과 승려들에게 여러 가지 물품들을 하사했습니다. 고려가 신라를 정복 대신 합병을 통해 나라를 합칠 수 있었던 것은 고려 태조가 신라인들에게 많은 하사품을 내려 두루 인심을 얻은 덕분이라고 할 수 있습니다. 이때 하사품 중에 가장 중요한 물품이 바로 '차'였습니다.

고려시대에는 불교가 국교로서 왕실과 귀족의 보위를 받으며 융성했습니다. 고려초기는 우리나라 차문화의 최고 전성기였습니다. 불교를 국교로 삼았기 때문에 귀족뿐만 아니라 백성들까지도 널리 차를 즐겼습니다. 고려 왕실에서 중요한 행사를 진행할 때와 주요 기관에서 신중한 결정을 해야 할 때 마음을 가다듬기 위해 차를 선용했습니다. 스님들은 문인들이나 다른 승려들과 차를 마시면서 불법佛法과 문학 등 다양한 분야에 대해 논했습니다. 선불교의 융성으로 수행을 위해서도 차를 마셨습니다. 수행할 때는 차를 마셔 잠을 쫓고 정신을 맑게 유지했고, 손님을 맞이하거나 공양을 한 다음에도 차를 마셨습니다.

고려시대의 차는 여전히 귀중한 예물이었기에 왕은 신하와 백성에게

부처님전에 헌다를 시연하는 스님들

차를 자주 하사했습니다. 그러나 무신들이 집권한 고려후기에는 왕권이 약해져 그러한 일을 찾아보기가 힘들어졌습니다. 반면에 무武가 문文보다 숭상되는 시기였기 때문에 권세를 잃은 선비들이 은둔을 하면서 차를 즐기게 되어 선비차가 발달하게 되었습니다. 고려시대의 선비들, 즉 문인들은 고려에 자생하는 토산차에 대한 자부심이 높았습니다. 그들은 신라시대 때의 사선 기록과 흔적을 찾는 등 우리 차의 뿌리와 독창성을 자랑스럽게 여기는 한편, 단순히 차만 즐긴 것이 아니라 도에 이르기 위해 차를 마셨습니다. 차를 끓이는 과정에 온 정신을 집중하여 무아無我에 이르고, 차를 마시며 선을 수행하고 진리를 추구했습니다. 문인 이규보는 차茶의 맛과 도道의 맛이 같다고 할 정도였습니다.

고려시대는 우리나라 차문화의 전성기답게 차와 관련된 다양한 기관이

하동 차밭에서 찻잎을 따는 전국비구니차인회 스님들

나 풍습 등이 있었습니다. 우선 조정이나 궁중의 여러 행사에서 차를 준비하여 올리고 베푸는 등의 의례적인 찻일을 맡아 진행하는 관청인 '다방'이 있었습니다. 일반 백성들이 드나드는 찻집은 '차점'으로 불렸습니다. 나라에서 운영하는 객점인 '원' 중에서도 특별히 물과 차와 정자가 유명하고 풍광이 좋아 감흥을 더하거나 차 자체가 유명한 곳에 있는 원은 '다원'이라고 불렸습니다.

조선초기에는 고려의 풍습들이 많이 남아 있었는데, 고려의 음다풍속 역시 이어졌습니다. 왕실의 음다풍속이나 문인들을 중심으로 이루어졌던 선비차의 영향이 조선까지 이어져 조선초기에는 선비 차인들이 많았습니다. 조선후기에는 초의 선사와 다산 정약용 · 추사 김정희 등을 중심으로 하는 차의 중흥기가 있었습니다. 스님들과 문인들의 교류가 점점 늘어나게 되어 차를 함께 나누고 승려들이 재배한 차를 문인들에게 선물하는 경우도 많아졌습니다. 비록 불교가 조선의 정치적 중심에서 밀려났지만, 스님들은 불법佛

法에 정진하면서 차문화를 발전시켜 왔기 때문에 오히려 차를 만드는 제다기술은 지속적으로 발전했습니다. 초의 선사는 『동다송』 19번째에서 우리나라 겨울차冬茶는 맛과 약효가 겸비되어 그 빛깔과 향기, 아름다움은 당나라의 차를 집대성한 육우도 인정할 것이라고 쓰고 있습니다. 조선시대는 고려시대보다 차문화가 쇠퇴한 것이 사실이나, 사찰과 민간을 중심으로 면면히 이어져 내려와 대한제국시대까지 이어졌습니다.

왜 차는 우리와 멀어졌을까

조선시대에는 유학, 특히 주자학이 정치이념이자 학문의 중심이 되어 불교는 중앙에서 물러났습니다. 그에 따라 사찰 재정이 어려워져서 차를 필요한 수요만큼 공급하는 것도, 차나무를 재배하여 확보하는 것도 어려워졌습니다. 고려시대 불교의 융성과 더불어 백성들의 일상생활에도 깊숙이 자리했던 차문화는 쇠퇴하기 시작했습니다.

반면에 중국은 여전히 차를 즐기고 귀하게 여겼기 때문에 아이러니컬하게도 중국에 보내는 차공납은 더욱 가혹하게 진행되었습니다. 정묘호란 이후에는 차나무의 어린 새싹만을 채취하여 공납했고, 병자호란 이후에는 더 많은 양을 수탈당했기 때문에 백성들은 차를 더욱 많이 생산해야 했습니다. 이런 상황에서 백성들은 차를 즐기기는커녕 최소한의 애정조차 가질 수 없었을 것입니다. 차에 대한 세금이 너무 가혹했기 때문에 문인들 역시 함부로 즐길 수 없었으며, 사찰 주변에서 헌다와 수행의 방편으로 차나무를 기르던 스님들은 혹여 차를 생산한다는 사실이 외부에 알려질까봐 걱정할 정도였습니다.

조선중기부터는 지속적으로 외세에 시달린 탓에 식량도 제대로 없었던 터라 차를 즐기기는 더욱 어려웠습니다. 일제강점기 때는 가혹한 수탈과 문화

파괴로 차가 사라지게 되었고, 더군다나 음다풍속이 일본문화로 오해되는 등 우리나라의 차문화 전통이 심각하게 왜곡되었습니다.

우리에게 다시 돌아오는 차

　　우리나라는 1970년대 이후 비약적인 경제발전을 이뤄 소득수준이 높아지면서 기호음료가 다시 조명받게 되었습니다. 커피로 시작된 기호음료의 재조명은 와인열풍을 거쳐 이제 서서히 차로 옮겨오고 있습니다. 사실 커피나 와인은 차에 비해 우리나라에 유입된 역사가 짧지만, 많은 사람들의 사랑을 받고 있습니다. 그러나 차는 원래 자극적이지 않은 속성에다 오랫동안 소박하게 이어진 탓인지, 아직 커피나 와인처럼 폭발적인 반응을 얻지 못하고 있습니다.

　　그러나 점점 차의 효능과 정신적인 역할이 새삼 대두되면서 오랫동안 발전되어 온 우리나라의 다도와 외국의 차문화가 주목을 받기 시작했습니다. 또한 눈코 뜰 새 없이 바쁜 현대인들은 스트레스가 많이 쌓여 육체건강뿐만 아니라 정신건강에도 지대한 관심을 가지게 되었습니다. 차는 육체건강과 정신건강을 두루두루 보살필 수 있는 아주 좋은 기호음료입니다.

　　한편 차를 건강음료로 즐기는 사람들도 있지만, 전통문화의 멋을 익히면서 차생활을 실천하려는 사람들도 점차 늘고 있고, 몸과 마음을 닦는 수행의 방편으로 차생활을 하는 사람들도 있습니다. 처음에는 대부분 차를 단순한 기호음료로 즐기지만, 차의 정신적인 역할을 깨닫고 나면 차츰 자연스럽게 전통문화의 멋 그리고 몸과 마음의 수행에 대해서도 관심을 가지게 됩니다.

이러한 기호음료로서의 차의 가능성과 면면히 흐르는 우리나라 차문화의 전통을 접목하여 좀더 차를 잘 즐길 수 있도록 연구하여 전파하는 곳도 많이 생겼습니다. 불교에서는 다성茶聖 초의 스님의 다맥을 이어 불교신자 및 일반대중에게도 차를 널리 알리려 노력하고 있습니다. 전국비구니차인회에서도 그간 전승되어 오던 여러 불교다례를 비교 분석하여 불교정신을 담으면서도 정갈하고 접근하기 쉬운 다례를 정립하기 위해 노력하고 있습니다.

친소가 있으면 좋은 벗이 아니며

증애를 끊을 때가 바로 좋은 벗

내 이제 여러분께 받들어 권하니

조주 선사 맑은 차 일미가 새롭네.

초의 선사가 주석했던 해남 대흥사 일지암

차에 담긴 정신

다도정신과 불교

행다하는 마음

다도의 정신은 '나만 옳고 남은 그르다'는 편견에서 일어난 쟁론을
화해로 이끄는 매개체가 됩니다.
바로 이것이 한국 차문화의 정신에 대해 바르게 다가가고,
옛 선사들의 다도정신과 전통을 소중히 알고
전승해야 하는 중요한 이유입니다.

다도정신과 불교

고려의 문신이자 문인인 이규보(1168~1241)는 『남행명록』에서 신라인의 다도정신의 근본을 원효 스님의 일심·화쟁·무애 사상에서 찾고 있습니다. 마음을 깊이 통찰하여 본래 갖추고 있는 깨달음인 본각으로 돌아가는 정신을 지향하는 것이 '일심사상'입니다. 여기에 어떤 종파에도 치우치지 않고 일체 불교를 하나의 진리에 귀납하여 자기 분별이 없는 보다 높은 입장에서 불교의 사상체계를 세운 것이 '화쟁사상'입니다. 또 그 어디에도 걸림이 없는 자유인으로 민중과 함께 생활하면서 중생 속의 부처를 깨우치고자 노력하는 것이 바로 '무애사상'입니다. 오랜 시간 동안 차를 연구해 온 정상구 박사도 『한국다문화학』에서 한국의 다도정신은 이미 신라시대부터 형성되었다는 견해를 밝히고 있습니다.

차명상하는 봉녕사 학인 스님들

옥 헌다잔

『삼국유사』에는 신라 35대 경덕왕(742~764)이 당시 충담 스님에게 백성들의 불안한 마음을 가라앉히도록 안민가安民歌를 지어줄 것을 부탁하고 왕사로 청했으나 이를 받아들이지 않았다고 나와 있습니다. 이것은 차인의 담박한 정신을 잘 보여주는 일화라고 할 수 있습니다. 신라 말 27년간 당나라에서 선을 닦고 귀국한 진감 혜소(774~850) 국사는 지리산 화개골에 현 쌍계사의 전신인 옥천사를 창건하고 차 종자를 가져와서 사찰 주변에 심었다고 합니다. 아울러 진감 혜소 국사는 선과 차가 둘이 아닌 다선일미의 정신으로 자유로운 차생활을 정립했습니다. 그 뒤 찻잎으로 약을 만들어 먹는 법을 백성들에게 가르쳐주며 민중들과 함께하는 '남종선' 확산을 위해 수행하는 실천적 삶을 살았습니다.

또 다른 한편으로 신라 다도는 화랑도를 중심으로 이루어지기도 했습니다. 화랑도는 자연 속에서 우주의 법도를 체험하면서 본래 한마음으로 돌아가려는 풍류정신을 실천하는 이들의 모임이었습니다. 이때 화랑들은 산천을 주유하는 가운데 차를 달여 마시며 심신을 닦았습니다. 고려시대의 차군사제도는 화랑들이 산천을 주유하면서 차를 즐기기 위해 다구들을 들고 다녔던 것에서 유래된 것이 아닐까 생각됩니다. 이들의 정신적 기반 역시 원효 스님의 일심 · 화쟁 · 무애 사상 속에서 차를 마시며 단련된 것이라 볼 수 있습니다. 원효 스님은 우리 인간이 가장 인간답게 살 수 있는 길은 존재의 원천인 '한마음'에 돌아가는 것이라고 역설했습니다.

이러한 다도의 정신은 '나만 옳고 남은 그르다'는 편견에서 일어난 쟁론을 화해로 이끌어 냅니다. 바로 이것이 우리나라 차문화의 정신에 대해 바르게 다가가고, 옛 선사들의 다도정신과 전통을 소중히 알고 전승해야 하는 중요한 이유입니다.

다도정신은 차생활을 하던 그 시대의 사상가들이나 종교인들에 의해서 거의 완성되었습니다. 우리나라의 다도정신도 차생활이 보편화되면서 그 시대를 지배하던 사상과 철학, 종교에 의해서 정립된 것입니다. 삼국시대에는 대부분 승려들에 의해서 차생활이 유지되었으며 일부 귀족들과 화랑도, 그리고 선사상을 가진 선사들과 도교 사상가들이 차를 즐겼습니다. 그리고 고려시대에 들어와서는 왕족과 귀족 출신의 유학자들과 선승들 사이에서 유행했으며, 일부 도가사상을 가진 이들이 차를 마셨습니다. 유학자가 득세했던 조선시대에는 관인계급에서 다례를 행했으며, 은둔자나 산중으로 들어간 승려들 사이에서 차생활이 이어졌습니다.

이처럼 우리나라의 차생활은 주로 불교 승려들과 유교 유생들, 도교 도학자들을 중심으로 이루어졌습니다. 이들은 차생활을 즐기면서도 자신들의 종교나 철학사상으로 다도정신을 확립시켜 법도와 체계를 세워놓았습니다. 사원의 승려들은 선사상에 차를 접목하여 선禪의 경지로 차를 승화시켰으며, 유교의 유학자들은 그들의 윤리의식에 차를 유입하여 다례의식을 제정했습니다. 한편 도가의 사상가들도 자연과 합일하려는 신선사상에 따라 풍류의 정신세계를 완성했습니다.

그래서 깨달음의 세계를 추구하는 수행정신으로 차생활을 하기 때문에 '다도'라고 하는 것입니다. 즉 차가 불교의 선사상과 결합하여 '선다일여禪茶一如'의 정신세계를 이룰 수 있으므로 다도라고 부르는 것입니다. 다도의 핵심을 이루는 것은 선수행의 정신입니다. 하지만 불교다례에서는 차가 우선이 아니라 수행이 먼저입니다. 차를 마시는 것은 곧 동적수행의 연장입니다.

수행을 통하여 마음을 닦는 선의 경지와 다도를 동일하게 본 것입니다. 선은 곧 '조화調和' 속에서 잘 이룰 수 있습니다. 이때 조화는 여섯 가지로 화합하는 육화정신을 나타냅니다. 다도의 궁극점은 차를 통하여 인간관계의 원만함을 체득하는 것이라고 할 수 있습니다.

차를 마실 때에는 깨달음을 이루기 위한 수행의 자세와 다르지 않은 마음가짐을 지녀야 합니다. 불교수행과 차와의 관계는 오늘날 사찰의 일상의례에서 행하는 새벽예불의 '다게송茶偈頌'에서 찾을 수 있습니다.

정성껏 찻잎을 고르는 봉녕사 불교다례반 다인들

저희 이제 청정수를 감로다 삼아

삼보님전 올리오니

자비로 받으소서

자비로 받으소서

대자비로 받으옵소서

다게송에 나타난 헌다의 묘사에서 불교의 모든 공양을 대표하는 상징으로서 차를 중시했음을 알 수 있습니다. 부처님 전에 올리는 차는 불교의 육법공양물, 즉 차·향·등·꽃·과일·쌀 등의 하나로 중요한 역할을 하고 있습니다.

우리나라에서 다도정신을 처음으로 확립한 분은 원효 스님입니다. 원효 스님의 원융회통 정신은 한국불교의 다도정신을 정립하여 온 세계 일승불교의 차문화사에 지혜의 빛이 될 것이라 생각합니다.

쟁론을 회통하고 화쟁하는 정신으로 차를 마신다면 참과 거짓, 너와 나의 이원적 대립을 초월하여 불교의 절대불이絕對不二 사상에 따라 차를 제대로 마신다고 할 수 있을 것입니다. 화쟁은 단순한 이론이 아닌 '한마음'에서 나온 절대긍정의 삶으로 회향하는 정신입니다.

행다하는 마음

행다行茶란 차를 준비하여 마시는 제반과정에서 이루어지는 예의범절과 마음가짐을 통틀어 말합니다. 이는 심행의 안정된 평온을 추구하는 수행의 하나입니다. 차를 즐기는 다인茶人은 다음과 같은 마음가짐을 가져야 합니다.

차는 행실을 닦아 덕을 기르는 사람에게 적합한 것임을 알아야 합니다.

차는 몸으로 마시는 것이 아니라 마음으로 마셔야 합니다.

차를 마시는 목적은 아름다운 습관을 길들이는 데 있습니다.

차를 마실 때는 자비심으로 지혜롭게 인생을 사는 데 뜻을 두어야 합니다.

차를 즐겨 마시는 다인이 인간답지 못하면 차를 욕되게 하는 것임을 알아야 합니다.

차를 바르게 마시는 다인을 '군자'라 하고 '성인'이라고 부릅니다.

차를 통해 이득을 노리거나 차를 조금 안다고 남에게 자랑하는 것은 잘못된 자세임을 생각해야 합니다.

차의 열 가지 덕

다인이 가져야 할 마음가짐이나 다례에서의 여러 규칙들이 있지만, 차에도 숨어 있는 덕이 있습니다. 당나라의 유정일은 '다지십덕茶之十德'이라 하여 다음과 같이 차의 열 가지 덕을 칭송했습니다.

첫째, 차는 울적한 기분을 흩어지게 하며 以茶散氣鬱

둘째, 생기가 나게 하며 養生氣

셋째, 잠을 깨게 하며 覺睡氣

넷째, 잔병을 예방하며 除病氣

다섯째, 남을 공경하게 하며 表敬心

여섯째, 스스로 예의를 닦게 하며 治禮

일곱째, 스스로 몸을 다스리게 하며 修身

여덟째, 마음을 아름답게 하며 雅心

아홉째, 맛을 분별하게 하며 賞味

열째, 도리를 따르게 한다. 行道

고려판 선원청규에 보이는 찻자리 예법

송나라 때 종색宗賾 선사가 백장 회해(百丈懷海, 749~814) 선사의 청규 淸規를 바탕으로 엮은 '선원청규'에는 차 마시는 자리에 임하는 마음가짐에 대해 잘 나와 있습니다.

하동 야생차 축제에 선보인 찻자리

찻자리에 초대를 받은 이는 제 시간에 먼저 이르러

좌위의 패를 기억하여 소란하게 하지 말라.

대중이 모이면 수좌를 따라 문신하고

몸을 의자에 기대지 말고 바르게 하여

가사로 무릎을 덮고 소매를 덮고 차수*하라.

다례칠칙

일반적으로 행다인이 갖추어야 할 한국 전통다례의 기본덕목은 7가지가 있는데, 이를 '다례칠칙'이라고 합니다.

첫째는 다도정신을 존중하는 것입니다. 차와 차도구에 담긴 사상적 의미에 대해 존중해야 합니다.

둘째는 전통을 존중하는 것입니다. '다례'란 많은 선인들이 오랜 세월 차와 함께하는 동안 체득한 경지를 규범화한 것입니다. 때문에 다도는 단순히 차를 마시는 행위일 뿐만 아니라 하나의 의례이자 수행임을 잊어서는 안 될 것입니다.

셋째는 예의를 존중하는 것입니다. 다도는 예에서부터 시작하여 예에서 끝난다고 할 정도로 예절을 중시합니다. 차수 · 합장 · 저두 등 각종 배례법을 통해 상대를 공경하고 타인에게 봉사하는 마음을 예의 근본으로 삼기 때문입니다.

넷째는 과학을 존중하는 것입니다. 다도는 전통과 예를 존중하는 가운데서도 과학적인 접근을 중시합니다. 다도는 수행의 일환이지만, 의례라고 하더라도 마실 거리로서 차의 효능이 과학적이면서도 체계적으로 정리되

* 차수叉手 : 두 손을 어긋나게 맞추어 마주잡음

어 있습니다.

다섯째는 안녕의 존중입니다. 다도에는 많은 법식이 있습니다. 이러한 법식은 이를 따르는 사람을 편하게 하기 위해서입니다. 행다과정에서는 평안하고 자연스러워야 합니다. 평안하고 자유로운 정신과 행위 가운데 질서와 법도에 맞게 행하는 것이 바로 다도의 멋입니다.

여섯째는 청결의 존중입니다. 다도는 수행의 일환이므로 가장 먼저 번잡함에서 벗어나 마음을 비우고 정결한 자세로 시작해야 합니다. 몸가짐과 장소, 각종 다구와 분위기 등에 청결함을 유지해야 합니다. 겸손하고 소박하면서 누추하지 않으며, 화려하면서 사치하지 않는 행다가 이루어져야 합니다.

일곱째는 조화미의 존중입니다. 행다를 할 때 마음과 행동 그리고 차의 도구가 하나로 조화를 이루는 체험이 가능해야 합니다. 그래야 평화와 예술적 감흥을 느끼게 됩니다. 차를 다루는 행다과정에서 주객의 일체로 조화를 이루는 종합예술적 경지를 추구하는 것입니다.

한잔 차는 한마음에서 나왔으니

한 마음은 차 한 잔에 담겨 있네

차를 마시며 한 번 맛봄에

끝없는 즐거움이 솟아나네.

차의 벗, 다구

찻잔 · 차통 · 차시 · 다관
숙우 · 탕관 · 퇴수기 · 개반
다건 · 차상보 · 다식 · 다화

차를 마시기 위해서는 물과 찻잎만 필요한 것이 아닙니다.
반듯한 상에 놓인 다양한 종류의 정갈한 다구들은
차를 제대로 우려낼 수 있게 해줍니다. 다구는 가장 맛있는 상태로
차를 즐길 수 있게 해주며, 차를 마시는 자리의 격을 높여주는
차의 좋은 친구입니다.

차의 벗, 다구

　아래의 사진은 다양하게 전승되어 오는 다례를 종합하는 과정에서 사찰의 차문화를 잘 반영한 다구입니다. 다구의 색은 다양하지만, 이 책에서는 수행자의 깨끗하고 아름다운 마음을 잘 반영하면서도 오래 사용해도 싫증나지 않으며 차의 색을 잘 음미할 수 있는 하얀색 다구들을 사용했습니다. 또한 두 번째 차를 낼 때 손님에게 낼 다식과 찻자리를 빛낼 다화 등도 함께 준비하면 좋습니다.

전국비구니차인회의 생활행다 찻자리

찻잔

찻잔은 우러난 찻물을 따라서 마시는 잔으로 '찻종'이라고도 합니다. 찻잔 받침 위에 잘 올려서 차를 대접 받는 분들 앞에 가지런히 놓아둡니다. 하얀색이 차의 색을 잘 음미할 수 있게 해주지만, 옅은 색이나 청자 계열의 찻잔도 차의 색깔을 음미하는 데에 부족함이 없습니다.

차통

더운물에 우려내기 전의 찻잎을 담는 용기로 '다호'라고도 합니다. 찻상에서 차통의 위치는 전승되는 다례법마다 조금씩 다릅니다. 이 책에서는 차를 행다의 중심에 두었기 때문에 차통은 다상의 가운데 자리에 놓습니다.

차시

　　찻잎을 덜어낼 때 쓰는 수저로 '찻수저'라
고도 합니다. 차통의 뚜껑을 열 때 자연스럽게
잡을 수 있도록 차통의 오른쪽에 놓습니다. 일반적
으로 차통에 담긴 차의 성질을 상하지 않게 하고 차통
과 부딪혀 소리가 나지 않는 나무재질을 많이 사용합니다.

다관

　　찻잎을 넣고 뜨거운 물을 부어 우려내는 다구입니다. 손잡이가 앞이나
옆에 있는 경우도 있습니다. 다관은 차를 마실 때 가장 많이 사용하는 다구이
므로 차를 우려내는 사람이 편하게 사용할 수 있는 자리에 놓습니다. 대개 탕
관의 물을 숙우에 붓고, 숙우의 물을 다시 다관에 붓습니다. 주로 많이 사용
하는 오른손을 기준으로 하여 차상 오른쪽에 탕관을, 차상 오른쪽 모퉁이에
숙우를, 그 왼쪽에 개반과 다관을 놓습니다. 손잡이가 있는 다관인 경우에는
손잡이가 차를 우려내는 사람의 앞쪽에 놓이도록 합니다.

숙우

탕관에서 끓인 물을 차를 우려내기에 적당한
온도로 식히는 그릇입니다. 물을 잘 따를 수 있게
하는 물대가 있습니다. 차상의 가장 오른쪽에 둡니다.

탕관

찻물을 끓이는 용기로, 탕관이라 합니다. 찻상
의 오른쪽 아래에 놓아둡니다.

퇴수기

다관과 찻잔을 데운 물과 찻잔을
씻은 물을 버리는 그릇입니다. 대개 차를 우려내는
사람의 오른쪽 무릎 옆에 둡니다.

개반

차통의 뚜껑이나 다관의 뚜껑·다건 등
을 올려놓는 데 쓰는 다구로 '개대'라고도 합
니다. 나무·도자기·헝겊·대나무 등 다양
한 재료로 만듭니다.

다건

차수건으로 차를 준비하는 과정에서 다양한 다구들의 물기를 닦는 데 사용합니다. 또한 차를 마시고 나서 씻어낸 다구들을 닦는 데 쓰기도 합니다.

차상보

다구들을 올려놓은 상을 덮는 보자기입니다. 차상보의 색은 딱히 정해져 있지 않습니다. 차상보는 퇴수기의 아래쪽인 오른쪽 무릎 옆에 접어놓습니다. 상보에는 찻상 위에 다구를 올려놓고 덮어두는 차상보, 시자상을 덮는 시자상보, 다기를 싸는 다기보, 다과를 올려놓은 상을 덮는 다과상보, 찻잔을 감싸는 찻잔보 등이 있습니다.

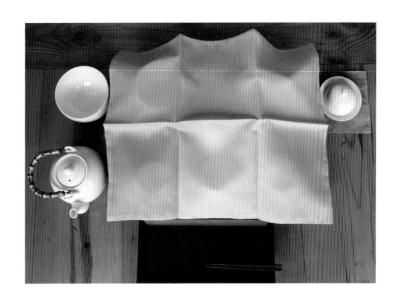

다식

다식茶食은 다양한 재료의 가루를 꿀로 반죽해서 다식판에 찍어낸 유밀과의 한 가지입니다. 고려시대 대각 국사의 문

집에 다식 등을 갖추어 조사제祖師祭를 지냈다는 것이 다식에 관한 첫 번째 기록입니다. 또한 고려 말에 목은 이색牧隱李穡(1328~1396)이 지은 시에는 팔관회 때 옷과 다식을 선물 받아 다식의 달콤함을 노래한 시도 있습니다. 다식의 종류는 다양합니다. 송화가루나 푸른 콩·흑임자·곡류가루를 이용한 것들이 대부분이며, 그 외에도 밤이나 대추·찹쌀·산마·연근·동외·과일 등을 이용하기도 합니다.

다화

'다화茶花'란 차를 마시는 공간을 장엄하는 꽃을 말합니다.

불교다화의 정신은 선정화심禪定花心의 적정해탈에 이르는 '선화일여禪花一如'의 정신에 있습니다.

또한 염화미소拈花微笑의 침묵으로 마음을 정화시켜 도를 깨닫게 하는 의미를 나타냅니다. 이것이 문자를 세우지 않고[不立文字] 이심전심으로 마하가섭에게 법을 전해주었다는 염화미소의 유래입니다.

'염화미소'는 송대 무문 혜개無門慧開 선사가 편집한 『무문관』의 제6칙 공안입니다. 부처님께서 왕사성 근처 영취산에 계실 때 범천왕이 부처님께 설법을 청하며 연꽃을 바치자, 부처님께서 연꽃을 들어 대중들에게 보였습니다. 대중들은 무슨 뜻인지 알지 못하였으나 가섭 존자만은 참뜻을 깨닫고 미소를 지었습니다.

　꽃을 보고 짓는 소리 없는 미소는 숭고한 청정심의 향기를 드러냅니다. 다심茶心과 화심花心의 만남은 우리들의 삶을 아름답게 가꾸게 합니다.

낮에는 차 한잔 마시고

밤이 되면 잠 한숨 잔다

푸른 산 흰 구름과 함께

더불어 생사 없음을 말하네

사찰음식 대향연 때 불교다례 행다를 시연하는 봉녕사 스님들

차인茶人의 멋, 다례

불교예법의 기본
함께하는 행다법
오감으로 마시는 차

찻자리에서는 격에 맞는 의례가 필요합니다.
차를 마시는 과정에서 차와 차인의 멋을 나타내는 것이 다례입니다.
차를 마실 때에는 바른 자세로 앉아 오른손으로 찻잔을 들고
왼손으로 잔을 받쳐 살포시 입으로 가져갑니다.
이미 두 손으로 잔을 정성스레 다루는 것만으로도 공손한 마음이 전해집니다.

불교예법의 기본

불교에서는 상대를 대하는 다양한 예법이 있으나, 여기서는 생활다례를 기본으로 하여 사찰의 차문화와 불교의 위의*와 습의*를 접목하여 정리했습니다. 아직 불교의 예법에 익숙하지 않은 분들을 위해 차수·합장·저두 등 간단한 인사법을 소개합니다.

차수

서 있거나 앉아 있을 때 공손함을 나타내는 자세로, 두 손을 맞잡는 것을 일컫습니다. 차수를 할 때에는 손을 펴고 손가락을 가지런히 붙입니다. 그리고 손에 힘을 주지 않은 상태에서 오른손으로 왼손 등을 감싸 잡은 뒤, 잡은 손을 아랫배 위에 가볍게 얹습니다. 차수는 모든 행동의 시작을 나타내며 절을 올릴 때도 차수부터 시작됩니다. 다례 중간에 찻물을 우려내는 등 시간의 공백이 있을 때도 손을 다리에 얹지 않고 공손

차수

---

* 위의威儀 : 불교의 출가·재가자가 도덕적인 덕을 실현하기 위해 갖추어야 할 수행상의 규범
* 습의習儀 : 의식에 관한 것을 배우고 익힘

앉은 자세의 차수

하게 차수하고 기다립니다. 바른 자세로 앉아서 포갠 손바닥이 위를 향하도록 합니다.

합장

손바닥을 합치는 자세로, 열 손가락을 위로 가지런히 하여 두 손바닥을 가슴 앞에 세우고 팔뚝은 수평이 되게 합니다. 합장을 할 때는 먼저 두 손바닥을 가지런히 모으는데, 이때 손가락이 어긋나거나 틈이 보여서는 안 됩니다. 가지런히 모은 두 손을 가슴에서 약간 떨어지게 세우고, 모은 손은 코끝을 향하게 하되 힘이 들어가지 않게 자연스런 자세를 취합니다. 가슴

합장

과 손의 간격은 주먹 하나 정도가 적당합니다. 팔꿈치는 너무 몸에 붙이거나 벌어지지 않게 합니다. 스님들과 불교신자 사이에서 인사할 때 흔히 쓰이는 방법입니다. 두 손바닥을 합치는 것은 흐트러진 마음을 하나로 모으는 의미이며, 상대방에 대한 존경과 공경의 표시입니다.

불교에서 오른손은 부처님의 세계를, 왼손은 중생의 세계를 상징하므로 합장은 부처님과 내가 둘이 아님을 나타내는 자세입니다.

또한 나와 남이 둘이 아니며, 보이는 생명과 보이지 않는 생명이 둘이 아닌 일심, 즉 '한마음'을 의미하는 것입니다. 그러므로 합장을 한다는 것은 자신의 교만을 버리고 상대를 존중하는 한마음의 실천입니다.

우슬착지

손님 앞에 찻상이나 다식을 갖다 놓거나 다구를 놓을 때는 오른쪽 무릎은 땅에 붙이고 왼쪽 무릎은 세운 뒤 허리를 세우고 합장합니다.

장궤합장인 경우에는 오른쪽 무릎과 왼쪽 무릎을 동시에 바닥에 붙이고 다리를 세운 뒤 합장합니다.

우슬착지   장궤합장

저두

저두

저두는 차수하거나 합장한 상태에서 허리만 숙이는 것입니다. 머리를 숙여 자신을 낮추는 자세는 '겸손'과 '겸양'을 의미합니다. 저두할 때는 합장한 자세에서 허리를 굽혀 절하는데 각도는 45~60도가 적당합니다. 너무 지극하게 한다고 하여 90도 이상 숙이는 것은 좋지 않습니다. 절을 하는 동안 합장한 자세가 내려가거나 흐트러지지 않게 하며, 몸과 손은 상하·좌우로 흔들지 않고 허리만 구부려 숙입니다.

밖에서 손님을 맞이하고 배웅할 때, 차를 드리고 서로 인사할 때, 다구를 놓고 물릴 때에는 저두低頭[반배半拜]를 올립니다. 저두를 올릴 때도 합장하고 허리를 숙이는 자세로 절하는데, 앉았을 경우에는 꿇어앉은 자세에서 저두를 올립니다.

차 마시는 예절

찻자리에도 역시 격에 맞는 의례가 필요합니다. 차를 마시는 과정에서 차와 차인의 멋을 나타내는 것이 '다례'입니다. 이 책에서는 불교의 사찰 차문화를 기본으로 하여 다례를 소개하고 있으므로, 다례는 궁극적으로 수행의 한 방편이기도 합니다. 이런 이해를 바탕으로 부처님의 말씀과 자신의 수행을 늘 염두에 두고 다례법을 확인했으면 합니다.

다례강의를 하면서 가장 많은 질문을 받았던 것 중 하나가 차를 마시는 방법에 대한 것이었습니다. 많은 분들이 즐거워야 할 찻자리에서 격식을 차리고 어렵게 마셔야 한다는 생각에 부담이 앞선 것 같습니다. 물론 너무 편한 자세로 마음대로 마셔서는 안 되겠지만, 그렇다고 해서 어려울 것도 없습니다.

바른 자세로 앉아 오른손으로 찻잔을 들고 왼손으로 잔을 받쳐 알아차리면서 입으로 가져갑니다. 이미 두 손으로 잔을 정성스레 다루는 것만으로도

공손한 마음이 전해집니다. 이때 허리를 숙이거나 고개를 너무 숙이기보다는 바른 자세에서 찻잔을 좀더 높이 들어서 마시면, 훨씬 더 품위 있는 자세로 차를 즐긴다는 인상을 줄 것입니다.

차를 마시는 시간은 특별히 정해져 있지 않지만 각자가 원하는 시간에 다식과 함께하면 좋습니다. 차를 마실 때에는 찻잔을 두 손으로 가슴까지 가지고 와서, 왼손으로는 찻잔 바닥을 가볍게 받쳐주고 오른손으로 잔을 잡는 정도가 좋습니다. 다음 '함께하는 행다법' 장에서 자세히 살펴보기로 하겠습니다.

차는 단숨에 마시기보다는 조금씩 여러 번 나누어 마시면서 색色, 향香, 미味를 음미하면서 마십니다. 후루룩 소리가 나지 않도록 입 안에서 잠깐 머금었다가 두세 번에 나누어 삼키는 것이 적당합니다.

다회 참석예절

다음은 고려시대 '선원청규'에 기록된 찻자리 예절입니다.

차를 불지 말고
잔을 흔들지 말며
빨아들이는 소리를 내지 말고
잔탁을 소리 내지 말며
차례를 소란히 말고
물 소리를 내지 않는다.

다약茶藥 먹는 법은

입을 벌려 던져 넣지 말고

행익이 두루 하길 기다려 서로 합장하고 먹는다.

다회가 끝나면 발을 편안히 내려서

문신하고 대중을 따라 나온다

그리고 감사의 인사를 한다.

위의를 갖추고 간다

신을 끌어 소리 내지 말고

주인이 배웅하면 몸을 돌려 문신한다.

다탕을 받고도 가지 않으면 출원시키되,

법대로 다하면 대중은 한 명도 남을 자가 없으므로

주지는 대중에 대하여 내색하지 말라.

일반적으로 다회장에 들어갈 때에는 다실 출입예절에 어긋남이 없이 행동해야 합니다. 다회에 참석할 때는 미리 들어가서 자리를 정합니다. 다회에 참석하는 다우가 많아서 자리가 협소한 경우에는 솔선하여 자리를 정돈하며 베푸는 마음을 가지도록 합니다. 웃어른 자리나 한가운데는 앉지 않도록 하며, 웃어른 자리나 한가운데를 지날 때에는 유연하게 허리를 굽힌 채 합장하고 지나갑니다. 자신의 자리가 정해졌으면 기본예의에 따라 앉고, 자신의 신발이나 남의 신발·소지품 등을 가지런히 정돈해 놓습니다.

함께하는 행다법

행다법에는 몇 가지 원칙이 있습니다. 우선 차를 맛있게 우려내는 것이 가장 중요합니다. 차가 우러나는 시간을 고려하지 않으면 차의 깊은 맛을 볼 수 없습니다. 그 다음에는 동선이 길거나 겹치면 찻자리가 매우 어수선해집니다. 가장 동선이 짧으면서도 동작에 군더더기 없이 단순하게 움직이도록 합니다. 마지막으로 양손을 사용하되 물이 흐르듯 각각의 손이 엉키지 않게 합니다. 이러한 행다법은 '차와 사람이 다구를 사이에 두고 나누는 대화와 이해의 과정'이기도 합니다.

다구를 미리 준비하여 아래사진 왼쪽과 같이 차상보로 덮어둡니다. 차상보를 덮은 다상 오른쪽에 퇴수기와 탕관이 놓여 있습니다. 왼쪽에 뚜껑으로 덮은 작은 접시가 보이지요? 다식을 담은 다식기입니다. 이렇게 미리 다식을 준비하면 두 번째 차를 준비할 때 손님에게 내어놓기가 편합니다. 손님들이 오시면 차를 우리기 시작하겠다는 뜻으로 합장과 저두를 하고 차수합니다.

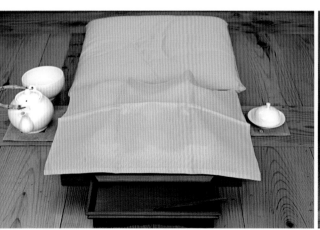

차상보 접는 법

차상보를 접는 방법은 다양합니다만, 여기서는 발우공양법을 사용하여 차상보를 접습니다.

❶ 차상보를 가로로 반을 잡아 접어 올립니다.

❷ 무릎 위에 가져와서 먼저 삼등분의 왼쪽 면은 오른쪽으로 향하게 접고, 오른쪽 면은 왼쪽으로 향하게 접습니다.

❸ 차상보를 오른쪽 무릎 옆에 둡니다.

❹ 잠시 차수하여 마음을 가다듬습니다.*

* 행다 중에 차수를 하는 의미는 여러 가지가 있지만, 무엇보다 각 단계와 단계 사이를 구분하여 마음을 가다듬는 것이 가장 큰 의미입니다. 또한 찻잔의 예열이나 찻물을 우려내는 등 약간의 시간이 소요되는 단계에서는 기다리는 의미도 있습니다.

다관과 찻잔 데우기

❶ 오른손을 받쳐 왼손으로 다건을 쥡니다.

❷ 오른손으로 다관뚜껑을 열어서 개반 위에 놓습니다.

❸ 오른손으로 탕관의 손잡이를 잡아들고, 다건을 쥔 왼손으로는 탕관뚜껑을 살짝 눌러 줍니다.*

❹ 잔 데울 탕수를 숙우에 따르고, 물이 흐르면 다건으로 닦아줍니다.

* 왼손으로 다건을 쥐고 탕관뚜껑을 눌러주면 탕관이 흔들리지 않고 고정되어 좀더 편하게 물을 따를 수 있습니다. 또한 탕관은 95도 이상의 뜨거운 물이 들어 있으므로 다건을 쥐지 않고서는 뚜껑을 누르기 어렵습니다.

❺ 탕관을 다시 제자리에 놓습니다.

❻ 숙우를 들어 다관에 물을 붓습니다. 이때 왼손으로 다건을 쥐고 받쳐주어야 다관에 물을 붓기가 쉽습니다.

❼ 숙우를 내려놓고 다관뚜껑을 닫습니다.

❽ 탕관을 들어 숙우에 차 우릴 물을 다시 따른 뒤, 탕관을 제자리에 갖다놓고 다건도 내려놓습니다.*

❾ 잠시 차수하고 마음을 가다듬습니다.

* 2~3인이 마실 차를 기준으로 탕관에서 숙우로 옮긴 물은 약 2분 이내에 알맞은 온도로 식습니다.

❿ 왼손으로는 다관뚜껑을 누르고 오른손으로 다관의 손잡이를 잡아서 다관을 들어 가슴 가까이에 가지고 옵니다.

⓫ 뚜껑 위에 얹은 왼손을 밖으로 돌려 다관 밑면에서 온도를 감지합니다.*

⓬ 다시 손을 탕관 밖에서 위로 올려서 다관뚜껑 위에 손을 올려놓은 뒤, 잔 데울 물을 손님잔부터 1, 2, 3 순으로 한번에 따릅니다. 일반적으로 마주한 손님을 기준으로 왼쪽에 손님잔을, 가장 오른쪽에 차를 내는 사람의 잔을 놓습니다.

⓭ 다관을 제자리에 놓고 차수합니다.

* 차를 우려내는 단계에서는 다관의 온도를 감지하며 차가 우러난 정도를 짐작할 수 있습니다. 이렇게 다관을 사이에 두고 차와 차를 준비하는 사람은 교감을 나누게 됩니다.

차 우리기*

❶ 오른손으로 다관뚜껑을 열어 개반 위에 놓습니다.

❷ 오른손으로 차호를 가슴 가까이 들고 와서 차호를 왼손 위에 놓은 뒤, 오른손으로 뚜껑을 들어 가슴 안쪽으로 가져와서 개반 위에 놓습니다.

❸ 그대로 손을 오른쪽으로 움직여 차시 있는 데로 갑니다. 이는 동선을 최소화하여 번거로움을 줄이기 위해서입니다.

❹ 오른손으로 차시를 들고 와서 차호 위에 살짝 올려 그대로 잡고, 차호를 다관 옆 가까이 가져가서 차시로 차를 2~3g 뜬 후 다관에 넣습니다. 물론 사람 수에 따라 차의 양은 알맞게 조절합니다.

* 행다하는 동작 하나하나에 마음을 담아 편안하게 차가 우러나는 것을 감지하며 다음 동작으로 진행합니다.

❺ 차시를 차호 위에 올려서 바로 잡고 차시를 제자리에 내려놓습니다. 차시를 가져온 대로 되돌아가면 불필요한 동작을 줄일 수 있습니다.

❻ 오른손으로 차호뚜껑을 가슴 안쪽으로 가져와서 닫습니다.

❼ 차호를 오른손에 건네 잡은 뒤 왼손을 받쳐서 차호 자리에 놓습니다.

❽ 그리고 차수합니다.

❾ 왼손으로 다건을 집어 들고 두 손으로 숙우를 들어 천천히 옥구슬 굴러가듯이 탕수를 다관에 붓습니다.

❿ 숙우를 제자리에 놓습니다.

⓫ 왼손에 다건을 든 상태에서 오른손으로 다관뚜껑을 닫습니다.

⓬ 왼손으로 다건을 들고 오른손으로 잔 데울 물을 부어 두었던 잔을 들고 와서 퇴수기에 버립니다.

⓭ 다건으로 물기를 잘 거둡니다.

⓮ 자신의 잔부터 왼쪽으로 순차적으로 버리고 손님잔을 마지막에 버린 뒤 다건을 놓은 다음 차수합니다.

⓯ 오른손으로 다관 손잡이를 잡고 왼손은 다
관뚜껑에 얹어 가슴 가까이 가져옵니다.

⓰ 왼손을 밖으로 돌려서 다관 아래 밑면에 두
고 물의 온도를 감지한 뒤, 다시 밖으로 돌
려 다관뚜껑 위에 왼손을 올려놓고 차를 따
릅니다.

⓱ 다관을 제자리에 놓고 차수합니다.

계절이나 시간에 따라 차와 적합한 온도는 매우
미묘한 차이가 있습니다. 하지만 오랜 시간 차를
마시다 보면 가장 맛있게 우러나는 온도를 손으
로 감지할 수 있을 것입니다.

차 따르는 법

손님잔부터 두세 번에 걸쳐 나누어 따릅니다. 약간의 시간 차이에도 차는 우러나는 정도에 따라 그 맛이 미묘하게 차이가 나므로, 처음 따른 차와 마지막에 따른 차의 맛과 온도가 최대한 비슷하게 해야 합니다.

각 잔에 다음과 같이 이름을 붙이고 차 따르는 법을 소개합니다. 2인의 경우 손님은 (가), 차를 내어주는 사람은 (나), 3인의 경우 손님(가), 손님(나), 차를 내어주는 사람은 (다)라고 하겠습니다.

• 2인의 경우

1. (가)에 1/3을 따릅니다.
2. (나)에 2/3를 따릅니다.
3. 다시 (가) 잔에 2/3를 따라 7~8부 정도 채웁니다.
4. 마지막으로 (나) 잔에 1/3을 따라 7~8부 정도 채웁니다.

• 3인의 경우

❶ (가)에 1/3을 따릅니다.

❷ (나)에 1/3을 따릅니다.

❸ (다)에 2/3를 따릅니다.

❹ (나)에 다시 1/3을 따릅니다.

❺ (가)의 잔을 채웁니다.

❻ (나)의 잔을 채웁니다.

❼ (다)의 잔을 채웁니다.

차 마시기

❶ 자기 잔을 들어서 다건 앞에 차호와 나란히 놓고 차수합니다.

❷ 그리고 합장 저두하며 차를 권합니다. "차 드십시오." 정도의 인사말을 하기도 합니다.

❸ 잔을 들어 차의 색·향·미를 음미하며 한 모금 마십니다.

❹ 잔을 내려놓습니다.

❺ 차수한 뒤 두 번째 차를 준비합니다.

오감으로 마시는 차

　　찻자리에 앉아서 귀로는 찻물 끓는 소리를 듣고, 코로는 향기를 온몸에 적시고, 눈으로는 다구와 차를 감상하고, 입으로는 차의 맛을 음미하고, 손으로는 찻잔의 감촉을 즐기기 때문에 차를 '오감五感으로 마신다'고 합니다.

　　차는 맛과 향기 그리고 빛깔로 구분합니다. 중국차가 향기를 높이 평가받는데 비해, 우리나라 차는 색 · 향 · 미를 분명히 음미할 수 있습니다. 우전雨前이나 작설 등 잎차를 마실 때는 먼저 우려놓은 차를 눈으로 감상합니다. 그리고 잔을 들어올려 코끝 가까이에서 차의 향을 맡은 뒤, 차를 한 모금 입에 머금고 혀 끝으로 차를 돌려서 입 안 전체로 차의 맛을 본 다음 조용히 목 안으로 넘깁니다. 차는 두세 번에 나누어 마시되 입 안에 머금고 굴리듯 해서 입 안에 차를 고루 배게 한 뒤 마시면, 탄닌의 살균작용과 불소성분이 치아를 건강하게 하고 향과 맛을 한층 오래 즐길 수 있습니다.

　　또 차를 마실 때는 소리를 내지 않아야 합니다. 차를 다 마시고 나서는 찻잔에 남은 향기를 마저 즐기고 잔을 내려놓은 다음, 잠시 입 안에 남은 차의 뒷맛을 느껴보는 것도 차의 풍미를 즐기는 여유입니다. 음다방법은 여러 가지가 있지만 손님과 주인이 '한마음'으로 서로 교감하면 더욱 차의 제맛을 즐길 수 있습니다.

차의 색 · 향 · 미 즐기기

첫째, 눈으로 차의 빛깔을 완상합니다. 녹차의 경우 연녹색이 좋습니다.

둘째, 찻잔을 입 가까이 가져갔을 때 차의 향기를 들이 마십니다. 싱그러운 진향이 가장 좋습니다. 좋은 차의 향에는 비 오기 전 청명한 날, 이슬 기운 받은 찻잎의 싱그러움을 간직한 진향, 불기운이 균일하여 거슬리지 않는 난향, 설익지도 타지도 않고 맑은 청향, 겉과 속이 순수한 향인 순향이 있습니다.

셋째, 차를 입에 한 모금 머금고 청량한 기운을 감지합니다. 담백하며 감칠맛이 납니다. 쓰고 떫은 것은 좋지 않습니다.

두 번째 차 우리기

두 번째 차를 우리는 것은 다식을 내는 과정을 제외하고는 첫 번째 차를 내리는 것과 별반 다르지 않습니다. 첫 번째 차 우리는 것을 잘 익혀야 하며, 두 번째 차 우리는 과정은 복습을 겸할 수 있도록 더 간단하게 정리해 보았습니다. 앞의 과정을 떠올리며 한 번 더 잘 따라해 보세요.

두 번째 차를 우릴 때 다식을 내는 이유에는 세 가지가 있습니다. 첫째는 차를 마시면서 비워진 속을 영양가 있고 가벼운 음식으로 보충하기 위해서입니다. 둘째는 달콤하면서 약간 텁텁한 다식이 다음 차를 더욱 마시고 싶도록 하기 때문입니다. 셋째는 찻잔을 데울 때 다관에서 차가 우러나는 시간을 기다리는 첫 번째 우리기와는 달리, 두 번째 우리기는 충분히 차를 우려낼 시간이 부족하기 때문입니다. 이러한 이유로 두 번째 차를 내기 직전에 손님에게 다식을 내어놓는 것입니다.

❶ 첫 번째 차를 한 모금 마신 후 두 번째 차 우릴 물을 숙우에 따릅니다. 왼손으로 다건을 들고 다관의 뚜껑을 열어 숙우의 물을 다관에 붓고 다관뚜껑을 닫은 뒤 다건을 놓고 차수합니다.

❷ 왼쪽에 있는 다식접시를 두 손으로 들어 오른손으로 다식반에 갖다 놓고, 다식기 뚜껑을 열어 상대방 왼쪽에 놓고 합장하고 저두합니다.

❸ 자신의 잔에 남은 차를 다 마시고 자기 잔을 제자리에 놓고 차수합니다.

❹ 다관을 들어 온도를 감지한 뒤 손님잔부터 자기 잔 순으로 차를 따른 다음 다관을 놓고 차수합니다.

❺ 내 잔을 다건받침 앞에 갖다 놓습니다. 처음 차를 낼 때는 합장을 하며 저두했지만, 두 번째에는 합장하지 않고 차수자세에서 저두로만 권합니다.

❻ 색ㆍ향ㆍ미를 음미하면서 차를 다 마신 다음 내 잔을 본 위치에 갖다 놓고 차수합니다. 다식뚜껑을 닫고 차수합니다.

다상 정리

두세 번 또는 경우에 따라 그 이상 차를 우려 마신 뒤 다상을 정리합니다.

❶ 개어놓은 차상보를 오른손으로 가져와서 무릎 위에 두 손으로 잡고 놓습니다.

❷ 차상보 오른쪽 면을 먼저 펴고 다음에 왼쪽 면을 펴서 두 손으로 양쪽 끝을 잡고 펼쳐서 덮습니다.

❸ 다상을 덮고 두 손을 가운데로 모아서 차수한 뒤 합장 저두를 하며 다상 정리를 마칩니다.

저자와 함께 다례수업하는 봉녕사 학인스님들

오래 앉아 피곤한 긴긴밤에

차 달이며 무궁한 은혜 느끼네

두어 잔 차는 어두운 마음 물리치고

뼈에 사무치는 맑은 기운 모든 시름 사라지네.

탁발순례에서 보시 받은 공양물을 부처님 전에 헌공하는 봉녕사 스님들

부처님과 차

헌공의례의 정신
육법공양의 의미
헌다공양의 전통을 찾아서

우리나라에 불교와 차가 차례대로 전래된 이후,
차는 불교문화와 밀접한 관계를 이어왔습니다.
차는 스님들이 심신을 닦는 수행방편이었을 뿐만 아니라
부처님께 올리는 주된 공양물의 하나이기도 했습니다.
신라시대의 불상과 보살상을 비롯한 탑·부도·조사영정 등에
차를 공양하는 유물이 그대로 남아 있습니다.

헌공의례의 정신

　　불교의 궁극적인 목적은 차별이 없는 진리를 깨닫는 데 있습니다. 진리를 논하는 면에서 보면 철학과 비슷한 느낌을 받을 수도 있습니다. 그러나 철학은 사유체계 속에서 진리를 논하는 반면에, 불교는 수행을 통하여 망념을 여의고 근원적으로 의식을 전환합니다. 종교를 한마디로 정의하기는 어려운 일이지만 간단하게 '의례'가 있느냐 없느냐에 따라 종교성의 여부를 미루어 알 수 있습니다. 의례를 행하는 형식이나 법식이 있다 하더라도 종교적인 진리를 나타내는 마음이 없다면 종교의례라고 할 수 없습니다.

　　승가僧伽의 일상의례日常儀禮는 아침과 저녁에 이루어지는 예불의례禮佛儀禮와 식사하는 의식인 공양의례供養儀禮로 나누어 볼 수 있습니다. 불교

대만에서 시연한 헌공의례

의 다양한 의식 가운데 가장 중요한 것 중의 하나가 '공양供養'입니다. 부처님과 가르침과 수행공동체인 승가에 대한 공양의 의미는 일반 재가불자들에게 업業을 정화하고 공덕을 쌓는 방편으로 이해되기 때문입니다. 한편 넓은 의미에서 살펴본 공양의례는 수행자의 근본목표인 깨달음을 성취하기 위한 방법이 되는 것입니다. 이런 의미에서 볼 때 공양의례는 곧 수행의 방편이자 수행을 성취하는 불교수행법이라고 할 수 있습니다.

공양이란 '공급하여 기른다'는 의미로, 공양이라는 말에는 두 가지 뜻이 있습니다. 하나는 '식사를 한다'는 뜻으로, 공양으로 몸에 영양을 공급하여 마음을 깨끗하게 기른다는 뜻입니다. 둘째는 '부처님께 올린다'는 뜻으로, 부처님과 같이 진리의 길을 걸어가고자 발원하며, 모든 생명들을 위해 공양을 올리는 것입니다. 불교의식에서 부처님께 다양한 공양물을 올림은 공경의 마음을 나타내는 것입니다. 따라서 불교에서는 공양을 받는 분·공양을 올리는 이·공양물 이 세 가지 모두 다 청정해야 합니다.

대만에서 전통복식으로 육법공양물을 올린 다인들

육법공양의 의미

여러 가지 공양물 가운데 대표적인 것이 육법공양六法供養입니다.

육법공양물은 향·초·꽃·과일·쌀·차 여섯 가지입니다. 부처님 전에 올리는 여섯 가지 공양물은 스승의 가르침에 대한 공경을 의미합니다. 여섯 가지 깨달음의 법을 사회에 실현하고자 하는 서원을 담은 것입니다. 정성을 다하여 공양을 올리는 것은 가르침을 소중히 여김을 뜻합니다.

고대 인도에는 귀빈을 접대할 때 필수적으로 향·불·꽃·물·곡물의 다섯 가지 준비물인 오공양五供養으로 손님을 맞이했다고 합니다. 힌두교에서는 향화공양香花供養의 의식으로 체계화되었습니다. 이러한 의식이 대승불교의 발달과 함께 불교 안으로 들어와 불상 앞에 공양을 올리게 된 것입니다.

당나라 백장 선사의 『고청규古清規』를 바탕으로 정리된 『칙수백장청규勅修百丈清規』에 향·꽃·등·차·과일·진수 등 육법공양이 설명되어 있는 것으로 보아, 중국·인도 등의 지역에서는 이전부터 육법공양이 시행되었음을 알 수 있습니다.

오늘날에는 진수를 백미공양으로 대체한 육법공양이 정착된 것입니다. 향·등·꽃·과일·백미·차 공양물은 각각 해탈향, 반야등, 만행화, 보리과, 선열미, 감로다의 의미를 담고 있습니다.

칠보불기

육법공양게 六法供養偈*

향을 공양 올리오니 이 향은 해탈의 향이 되어
괴로움에서 벗어나기를 원하옵니다.

차를 공양 올리오니 이 차는 감로의 차가 되어
열반의 즐거움을 누리기 발원하옵니다.

등을 공양 올리오니 이 등불은 반야의 광명이 되어
깨달음의 세계가 빛나기를 원하옵니다.

백미를 공양 올리오니 이 백미는 기쁨의 마음이 되어
법의 즐거움을 누리기를 원하옵니다.

꽃을 공양 올리오니 이 꽃은 선행의 꽃이 되어
자리이타행을 성취하기를 원하옵니다.

과일을 공양 올리오니 이 과일은 자비의 열매가 되어
끝없는 공덕을 베풀기를 원하옵니다.

여섯 가지 공양을 법답게 장엄하고 공양하오니
자비와 지혜로 저희 정성 받으옵소서

* 『석문의범』의 영산작법을 저본으로 하되, 현재 사찰에서 일반적으로 행하는 육법공양의례의 순서를 참
  고 하여 의역했습니다.

원차향위해탈지견 願此香爲解脫智見

원차수위감로제호 願此水爲甘露醍胡

원차등위반야지광 願此燈爲般若智光

원차식위법희선열 願此食爲法喜禪悅

내지번화호열다과 乃至幡花互列茶果

교진즉세제지장엄 交陳卽世帝之莊嚴

성묘법지공양자비 成妙法之供養慈悲

소적정혜소훈　　　 所積定慧所熏

이차향수특신공양 以此香需特伸供養

제13대 종정예하 추대식 때 조계사 부처님께 육법공양하는 봉녕사 스님들

헌향공양

향은 지계를 나타내고 해탈의 향기를 의미합니다. 등불은 강렬하게 어둠을 없애주지만, 가려져 있거나 깊숙이 숨겨져 있는 어두운 곳까지는 미치지 못합니다. 그러나 향의 향기는 제한된 고체의 몸을 버리고 연기가 되어 자유롭게 훌훌 날아가 깊은 곳까지 스며듭니다. 또한 향은 자유로움·희생·화합·공덕을 의미합니다.

향공양은 번뇌의 속박으로부터 벗어나 자유자재한 경지에 이르는 해탈을 상징하며, 오직 부처님을 향한 지극한 마음으로 공양을 올려 부처님 도량을 향기롭게 하는 공덕장엄의 의식입니다. 육법공양에서 향의 별칭은 '해탈향解脫香'입니다. 계·정·혜 삼학의 향을 부처님께 올림으로써 궁극적으로 해탈을 성취하고자 하는 발원입니다.

부처님께 드리는 육법공양물 중에 수행자들의 심신을 맑게 하는 역할을 하는 것으로는 차와 더불어 향이 있습니다. 『삼국유사』에 보면 양나라 사신이 신라에 향을 보내왔을 때 아무도 그 용도를 몰랐다고 합니다. 이때 신라에 불교를 전한 묵호자 스님이 "향이라는 것으로, 이것을 태우면 꽃다운

향기가 나며 거룩한 신께 올리는 공양물로는 향보다 더 나은 것이 없다."고
했습니다.

차는 마셔서 몸에 직접 영양분을 공급하지만, 향은 그 향기로 정신을
맑게 해줍니다. 차와 향을 함께 즐기면 수행에 더 좋은 효과를 줍니다. 다음은
헌향공양을 할 때의 게송입니다.

배헌해탈향拜獻解脫香

계향 · 정향 · 진실한 향이 하늘 위까지 사무치며
시주님의 그 정성 금향로 주위에 어리었네.
잠깐 사이에 아름다운 향기 시방국토 두루두루 가득하오니
오직 원하옵니다,
모든 부처님께서는 중생을 어여삐 여기시어 이 향공양을 받으옵소서.

계정진향분기충천상 戒定眞香氛氣衝天上
시주건성설재금로방 施主虔誠爇在金爐傍
경각인온즉변만시방 頃刻氤氳卽遍滿十方
유원제불애민수차공양 唯願諸佛哀愍受此供養

헌등공양

등燈은 보시를 나타내고 지혜의 등불을 의미합니다. 등불이 세상을 밝히는 것처럼 지혜의 광명이 무명의 어둠을 밝히는 것을 뜻합니다. 육법공양을 할 때에 등불은 지혜의 등 [반야등般若燈]이라고도 합니다. 무명의 어둠 속에서 길을 헤매는 중생들을 위해 지혜의 길을 밝혀주기 때문입니다.

등공양하는 봉녕사 보살님들

지혜가 없으면 칠흑의 어둠 속에 사는 인생이요, 지혜가 있으면 모든 상황을 바르게 보아 참된 삶을 살게 되고, 인덕이 갖추어져 나보다 못한 사람에게도 예우와 존경을 할 것입니다.

등불은 또 자기를 태워 세상을 밝히므로 '이타행'을 의미하기도 합니다. 헌등공양은 지혜광명으로 어두운 세상을 밝혀 타인에게 보시하며 부처님의 자비광명을 찬탄하는 공양입니다. 다음은 헌등공양을 할 때의 게송입니다.

배헌반야등拜獻般若燈

등불은 빛나서 층층이 저 대천세계를 비추며
지혜의 마음등불은 밝고 밝아서 자연히 어리었고
빛나는 광명은 어둠을 깨뜨려 죄업이 소멸하여
복됨이 끝이 없사오니
오직 원하옵니다,
모든 부처님께서는 중생을 어여삐 여기시어
이 반야의 등불공양을 받으옵소서.

등광층층변조어대천 燈光層層遍照於大千
지혜심등명료득자연 智慧心燈明了得自然
광명파암멸죄복무변 光明破暗滅罪福無遍
유원제불애민수차공양 唯願諸佛哀愍受此供養

헌화공양

꽃은 인욕을 나타내며 보살행의 아름다움을 의미합니다. 꽃공
양은 만행을 상징하며 부처님 도량을 아름답고 장엄하게 찬탄함을 뜻합니다.
열매를 맺기 위해서는 먼저 꽃을 피워야 합니다. 꽃이 열매를 맺기 위해 가장
오랜 인욕을 거치고서야 결과를 맺는 것과 같이 다함없이 노력하는 모습을 표
현합니다. 그렇기 때문에 헌화공양 할 때 올리는 꽃의 별칭을 '만행화萬行花'
라고 합니다. 다음은 헌화공양을 할 때의 게송입니다.

배헌만행화拜獻萬行花

모란·작약·연꽃은 귀중함이요
구품 연못 가운데 보리의 자리에 화생하였으니
재물을 아끼지 않고 보시하여 용화회상에 드리오니
오직 원하옵니다,
모든 부처님께서는 어여삐 여기사 이 만행화 꽃공양을 받으옵소서.

모단작약연화위존귀 牡丹芍藥蓮花爲尊貴
구품지중화생보리좌 九品池中化生菩提座
불석금전매헌용화회 不惜金錢買獻龍華會
유원제불애민수차공양 唯願諸佛哀愍受此供養

종정예하 추대식 때 조계사 부처님께 꽃공양하는 봉녕사 스님

헌과공양

　　　과일은 정진을 나타내며 깨달음을 뜻합니다. 과일은 오랜 노력으로 이뤄진 결과물이기 때문입니다. 우리들의 지극한 수행이 열매 맺기를 바라며 올리는 공양물이 바로 과일입니다. 바른 도를 성취하겠다는 정진을 표현합니다. 닦고 닦은 수행공덕으로 억겁의 모든 죄를 소멸하고 열매를 거두기 위하여 과일공양을 올리는 것입니다. 다음은 헌과공양 할 때의 게송입니다.

배헌보리과拜獻菩提果

살구나무 금쟁반에 복숭아 · 리치 · 용안 과실

향기 맛 나는 자두 · 능금 과실을

부처님 전에 공양드리오니

오직 원하옵니다,

모든 부처님께서는 어여삐 여기시어 이 보리 과일 공양을 받으옵소서.

금행반도여지용안과 金杏盤桃荔芝龍眼果

분비훈향성취자미다 氛鼻熏香成就滋味多

이내빈파헌상여래좌 李奈蘋婆獻上如來座

유원제불애민수차공양 唯願諸佛哀愍受此供養

헌미공양

쌀은 지혜를 나타내며 깨달음의 기쁨을 의미합니다. 봄부터 애써 노력한 뒤 가을에 추수할 때의 기쁨처럼 수행의 결과로 얻은 깨달음의 기쁨은 이루 다 표현할 수가 없습니다. 쌀을 올리는 것은 지극한 깨달음의 기쁨을 얻는 지혜의 자양분임을 나타냅니다. 헌미공양 때 올리는 쌀을 '선열미禪悅味'라고도 부릅니다. 선열은 법의 즐거움을 말하는 것으로, 쌀 뿐만 아니라 내가 시주하는 것이 모든 이들에게 행복을 줄 수 있다면 그것이 선열미가 될 수 있습니다. 보시행을 행하며 일어나는 기쁜 마음으로 공양물을 올리는 것입니다. 다음은 헌미공양을 할 때의 게송입니다.

배헌선열미拜獻禪悅味

맛 나는 하늘정재 소락공양을

성도하실 당초에 금쟁반에 담아

여래 대각 석가세존께 받들어 올리오니

오직 원하옵니다,

모든 부처님께서는 어여삐 여기시어 이 선열 법미의 공양을 받으소서.

식미소락조출천주공 食味酥酪造出天廚供

성도당초장탁재금반 成道當初將托在金盤

봉헌상여래대각석가존 奉獻上如來大覺釋迦尊

유원제불애민수차공양 唯願諸佛哀愍受此供養

헌미공양하는 스님

헌다공양

차는 선정을 나타내고 열반의 맛을 의미합니다. 부처님께 올리는 차는 감로다甘露茶라고 부릅니다. 차는 생사를 초월한 경지인 열반을 상징하여 공양하므로 '감로다甘露茶'라고 합니다. 감로라 함은 하늘에서 내린다는 단맛의 이슬인데, 이는 영원히 살 수 있는 불사약不死藥입니다.

부처님의 가르침으로 중생들이 괴로움에서 벗어나는 것을 형상화한 것이 바로 차공양입니다. 차를 달여 공양하거나 맑고 깨끗한 물을 감로로 삼아 올린 다기물은 우리 마음의 모든 오욕을 깨끗이 씻어내는 청수에 비유되기도 합니다. 부처님의 법문이 만족스럽고 청량하다는 것을 뜻합니다.

헌다하는 스님

또한 감로다는 '다선일미茶禪一味'라는 말로 선정을 표현합니다. 중생들의 마음속에 있는 탐·진·치 삼독은 우리를 끝없는 윤회와 죽음의 세계로 이끌지만, 감로의 청정한 물은 윤회를 벗어난 해탈의 세계로 인도하므로 감로의 근원인 부처님께 차를 올리는 것입니다. 다음은 헌다공양을 할 때의 게송입니다.

배헌감로다拜獻甘露茶

백 가지 꽃과 풀잎 따서 차를 만들어
옥으로 만든 다구에 설산의 물로 감로다 다려
미혹한 마음 씻어내고 조주趙州의 차맛을 알았사오니
오직 원하옵니다,
모든 부처님께서는 중생을 어여삐 여기시어
이 청정한 감로수 공양을 받으옵소서.

백초화엽채취성다예 百草花葉採取成茶蘂
팽출옥구설산남상수 烹出玉甌雪山濫觴水
척거혼미조주지자미 滌去昏迷趙州知滋味
유원제불애민수차공양 唯願諸佛哀愍受此供養

공양을 올린 후에는 육법공양의 한량없는 공덕을 일체중생에게 회향하고, 시방삼세 모든 중생이 함께 성불하기를 간절히 서원합니다.

헌다공양의 전통을 찾아서

우리나라에 불교와 차가 차례로 전래된 이후, 차는 불교문화와 자연스럽게 불가분의 관계를 맺어 왔습니다. 차는 스님들이 심신을 닦는 수행의 방편일 뿐만 아니라 부처님께 올리는 주된 공양물의 하나이기도 했습니다. 신라시대의 불상과 보살상을 비롯하여 탑·부도·조사영정 등에 차를 공양하는 유물이 그대로 남아 있습니다.

찻잔을 든 연기 조사 석탑

백제 성왕 22년(544)에 구례 화엄사를 창건한 인도 스님인 연기 조사를 추모하는 석탑에 차공양을 올리는 모습의 승려상이 있습니다. 이는 연기 스님 열반 100년이 지난 뒤에 자장 율사가 선덕여왕 14년(645)에 조성한 탑으로, 효심이 깊었던 연기 스님이 생전에 어머니의 명복을 빌기 위해 차를 올렸던 모습을 담은 것입니다. 이를 통해 지리산 화

연기 조사 어머니를 모신 3층 탑과 차공양 올리는 연기 조사 석탑

엄사가 창건 무렵 차를 올리는 풍습이 있었음을 알 수 있습니다.

헌다공양을 하는 형상이 남아 있는 대표적인 작품으로는 신라 경덕왕 10년(751)에 조성된 경주 석굴암을 들 수 있습니다. 석굴암 주벽에 조상된 문수보살이 오른손에 조그만 찻잔을 들고 차공양을 올리고 있습니다.

같은 시기에 신라 최초의 다인이신 충담 스님이 매년 중삼중구重三重九(3월 3일, 9월 9일)의 아름다운 계절에 경주 남산 삼화령 미륵세존께 차를 올린 사례와, 이때 경덕왕(즉위 23년, 764)의 청으로 왕에게 차를 대접하고 안민가를 지어준 기록이 『삼국유사』에 전하고 있

찻잔 든 석굴암 문수보살상

습니다. 기록에 따르면 경덕왕은 "차의 기미가 신기하여 입안에 이상한 향기가 가득하도다."라고 말할 정도로 차를 좋아했음을 알 수 있습니다.

이밖에 보개산 각연사의 석조비로자나불상(신라 말, 보물 제433호)의 광배光背에는 아홉 구의 화불이 있는데, 중앙에 있는 부처님이 찻잔을 들고 있습니다. 이런 형태는 매우 보기 드문 헌다의례와 관련된 중요한 유물입니다.

또한 7세기 초 조성된 충주 가금면 봉황리에 있는 보살상들은 미륵반가사유상을 중심으로 군상을 이루고 있는데, 여기에는 결가부좌하고 있는 불

상과 오른쪽에 한쪽 무릎을 꿇고 불상을 향해 차를 올리는 보살상이 있습니다. 이처럼 차를 부처님 전에 올리는 헌다의식에서, 불교가 전래한 시기부터 현재에 이르기까지 차가 불교의례의 육법공양 의식 가운데 하나로 확고히 정착되어 왔음을 엿볼 수 있습니다.

청량사의 석조석가여래좌상(보물 제265호)이 자리한 대좌臺座에는 세 보살이 각기 정면과 좌우에서 차공양을 올리는 모습이 새겨져 있는데, 이는 9세기의 대표적인 헌다 관련 유물입니다.

또한 신라 경애왕 1년(924)에 문경 봉암사를 창건한 지증대사적조탑비(보물 제138호) 기단부에 차공양상이 나타나 있습니다. 이와 같은 다양한 유물들을 볼 때, 한국 차문화의 역사적 근원을 불교의 헌다의식에서 찾을 수 있습니다.

충담 스님이 차를 올린 경주 삼화령 부처님

*사진 제공 : 석굴암 문수보살상(연합뉴스), 경주 삼화령 부처님(국립경주박물관)

흰 구름은 나의 옛 벗

밝은 달은 나의 일생

산 높고 골 깊은 곳에서

찾는 이 있어 차 한잔 드리네.

내 마음에 비친 나의 모습

내 마음을 보는 차명상

행복한 삶이란 자기 주도적으로 삶을 이끌어가는 것입니다.
그러기 위해서는 자신의 마음을 잘 알아야 합니다.
차명상은 몸과 정신의 조화를 만들어내고 일과 일상에서 효율을 높여
'내 마음에 이르는 여행'을 하는 것입니다.
일상생활을 하면서도 명상을 할 수 있기 때문에
바쁘고 피곤한 현대인들이 쉽게 명상을 실천할 수 있으며,
포기하지 않고 꾸준히 명상을 이어갈 수 있습니다.

차명상 수행

    여럿이서 차를 마시면서 그 색과 향기와 맛을 즐기고 이야기를 나누는 것도 좋지만, 차를 홀로 마실 때 많은 것을 깨닫게 됩니다. 선대의 훌륭한 고승과 문인들은 차의 이러한 효능을 알고 가까이 두어 훌륭한 깨달음을 얻으셨습니다. 우리 모두는 누구나 행복하기를 원합니다. 그러나 그 행복은 결국 나 자신으로부터 오는 것입니다. 행복한 삶을 영위한다는 것은 자신의 삶을 주도적으로 살아감을 뜻합니다. 자동차를 타고 가면서 많은 사람들이 멀미를 하지요? 하지만 운전하는 사람은 절대 멀미를 하지 않습니다. 그 이유는 자신에게 닥칠 상황을 미리 알고 주도적으로 판단하여 대처하기 때문입니다. 차명상은 주도적인 삶을 실천하는 수행과정의 하나입니다.

봉녕사 템플스테이 차명상 수행

차명상의 10가지 효과

하나, 괴로움의 원인을 제거하여 자기 절제가 가능합니다.

둘, 자신에 대한 사실적 이해를 한 뒤에 긍정적 사고로 변화합니다.

셋, 스트레스가 줄어듭니다.

넷, 자각과 절제를 통해 정신적 · 신체적으로 건강해집니다.

다섯, 주의력 · 집중력 · 정신력이 커집니다.

여섯, 조화롭고 안정된 상태, 맑은 정신 상태가 유지됩니다.

일곱, 자각력이 증대되며 매사에 능률적 효과를 가져옵니다.

여덟, 삶에 대한 열정을 증대시키고, 창의적 사고 및 자기 발전을 위한 피드백을 하게 합니다.

아홉, 자신에 대해 더 많은 이해를 하게 되어 지혜로워집니다.

열, 적극적인 자비를 실천하여 인간관계가 개선됩니다.

차명상을 통해 몸과 정신의 조화를 만들어내고 일과 일상에서 효율을 높여 '내 마음에 이르는 여행'을 하는 데 그 목적이 있습니다.

일상생활을 하면서도 명상을 할 수 있기 때문에 바쁘고 피곤한 현대인들이 쉽게 명상을 실천할 수 있으며, 포기하지 않고 꾸준히 명상을 이어갈 수 있습니다.

차명상 수행이론

명상이란

　　　수행에 앞서 시작단계는 '무엇을 위해 명상수행을 하는가?'라는 구체적인 목표를 설정하고 확인하는 것입니다. 목표에 따라 수행과정과 방법이 달라지기 때문에 미리 수행 지도자의 도움을 받아 수행목표를 구체화하는 것이 좋습니다. 목표 없이 단순한 호기심 혹은 타의에 의해 수행하는 경우 체험형이나 단순효과형 차명상이 될 우려가 있기 때문입니다.

　　　목표설정이 완료되면 두 번째 단계로 현재 자신의 상태에 대해 대략적 진단을 내립니다. 목표가 목적지라면 현재상태를 아는 것은 출발지를 결정하는 것과 같으니까요. 목표가 설정되고 현재상태에 대한 대략적 이해가 어느 정도 진행되면 현재상태에서 성취하고 싶어 하는 명상목표까지 어떻게 갈 수 있는지, 또 어떤 원리로 이를 수 있는지에 대한 방법을 탐구하고 이해하는 과정이 필요합니다. 이해를 통해 명상의 정확한 방법을 알고 수행할 수 있도록 준비합니다. 이 단계에서 명상에 필요한 요소의 계발 방법 및 조절에 대한 지식을 습득한다면 이를 통해 자신만의 방법을 찾을 수 있습니다.

　　　명상 수행자는 저마다 각각의 목표를 가지고 있고, 각자의 현재상태가 다르기에 목표에 이를 수 있는 방법도 저마다 다른 것이 당연합니다. 명상수행의 방법과 원리에 대해 이해하는 단계를 지나면, 이제 그 이해를 토대로 자신이 가장 쉽고 잘할 수 있으며 자신에게 가장 적합한 방법과 상황·조건·도구 등을 찾아봅니다. 자신만의 명상 수행법을 찾았으면 이제 그 수행법에 따라 명상에 들어갑니다. 항상 수행에 대한 생각이 떠나지 않고 어떤 조건과 상황에서도 명상이 지속적으로 진행되도록 자기 관리 및 점검이 필요합니다. 명상에 대한 믿음이 갈수록 강해지고 몰입의 강도 또한 강화되는 것을 느낄 수 있습니다.

차명상이란

차명상이란 차생활의 유익한 요소와 명상의 수행체계를 접목한 것입니다. 또한 차생활을 하면서 정신수양의 효과를 극대화하고, 명상수행의 실천을 보다 수월하게 하기 위해 차생활과 일상의 행위들을 접목한 여러 형태의 명상 과정과 방법을 말합니다. 차명상의 원리는 차생활을 통해 자각력自覺力을 계발하여 자신을 사실적으로 보고 올바로 아는 능력을 생성하는 데 있습니다. 자신을 이해한 만큼 인식의 변화가 일어나서, 내부의 느낌이나 감정·생각·주변 조건과 상황에 영향을 덜 받게 되어 마음이 가벼워지고 스스로 행복해지는 효과가 있습니다.

다양한 차명상 수행법 가운데 크게 차인들의 차명상과 일반인들의 차명상으로 나눌 수 있습니다. 차인들의 차명상법은 행다의 전 과정을 통해 철저히 자신을 바라보고 내면에 대한 이해를 높여가는 수행방법입니다.

먼저 기본적인 명상요소, 즉 자각력·집중력·정신력 등을 중점 계발하고 이후 행다를 할 때 혹은 일상생활에서 자신을 실질적으로 통찰해 가는 단계로 나아갑니다.

일반인들의 차명상법은 기초단계에서는 행다를 대신하여 수행체조와 걷기, 서 있기 명상 등을 수행하고, 이후에 앉아서 찻잔과 차 마시기를 기본으로 하여 호흡명상·참회명상·자비명상 등을 수행합니다.

차명상의 목적은 차생활에 명상의 가치와 효과를 잘 활용하여 차생활
이 실질적인 정신수양의 방편이 되게 합니다. 기존의 명상수행에서 '차'라는
도구를 활용한 것입니다. 따라서 차명상은 명상에 차를 첨가하여 더욱 쉽고
효과적인 수행으로 삶의 질을 높이고, 자신을 바로 알아 지혜롭고 행복하게
사는 데 그 목적이 있다고 할 수 있습니다. 이와 같이 차명상의 궁극적 목표는
지혜롭고 행복하게 사는 데 필요한 수행의 방편임을 알 수 있습니다.

차명상은 여러 특징을 가지고 있습니다. 우선 '차'라는 매개체를 이용하여 명상 수행법에 쉽게 접할 수 있고, 이해하기 쉬우며, 체계적이고 논리적으로 수행방법을 제시해 줍니다. 자연스럽게 일상생활에서 명상을 즐길 수 있으며, 처음에는 차로 시작하지만 차츰 익숙해지면 거의 모든 분야에 응용이 가능합니다. 차명상은 일상적인 수준에서 점차 심화하여 차명상 수행단계를 꼼꼼히 살피고 자신의 수행단계를 찾아서 점차 발전시켜 나갈 수 있습니다.

명상할 때 차의 역할

차명상을 하면 정신력과 자각력을 키울 수 있으며, 통찰력을 높일 수 있습니다. '자각력'은 나를 아는 상태에 도달하기 위해 마음을 각성시키는 단계이고, '통찰력'은 맑고 안정된 상태에서 차를 마시는 행위와 마음의 상태를 통찰하는 단계입니다.

보통 차를 마실 때 저마다 자신만의 방법으로 차를 우립니다. 하지만 각자 다른 방법으로 차를 마신다 해도 각 개개인은 언제나 일정한 패턴을 가지고 차를 마십니다. 그래서 차 마시는 행위가 번잡스럽지 않습니다. 따라서 차명상은 일정한 변화 속에서도 차를 마시며 하는 수행이므로 명상에 필요한 요소가 될 수 있는 것입니다.

이때 차 마시는 행위는 크게 정적인 부분과 동적인 부분이 어우러져 진행됩니다. 정적인 부분에서는 집중력과 자각력이 계발되고, 동적인 부분에서는 정신력과 통찰력이 계발됩니다. 또한 정적인 행위와 동적인 행위가 조화롭게 이루어지기 때문에 명상에 중요한 요소들이 조화롭게 계발되는 이점이 있습니다. 차를 마시며 명상하면 지루함이나 잡념, 졸림 등에 영향을 덜 받을 수 있습니다. 따라서 차명상은 바쁘고 여유가 없는 현대인들에게 빠른 효과를 주고 흥미를 가지고 할 수 있는 좋은 명상법입니다.

현실적으로 현대인들은 시간적 · 정신적 · 육체적 한계 때문에 명상수행에 대한 접근과 실천이 수월하지 못합니다. 명상을 한다 해도 생활 및 음식 습관의 변화로 인하여 동적이며 감각적인 수행법이 필요합니다. 이러한 상황을 고려하여 차생활에 음악을 더하면 명상에 대한 접근과 이해를 넓히는 효과를 체험할 수 있습니다.

차명상에 음악을 더하면 차의 각성효과와 음악이 뇌에 영향을 미쳐 자각을 더욱 강력하게 합니다. 집중력과 자각을 오랫동안 지속하게 하여 정신력도 함께 계발해 나가는 특징이 있습니다. 또한 수행을 계속할 수 있는 열정, 즉 믿음의 요소와 수행을 통해 얻어진 지혜 등도 함께 증장시킬 수 있습니다.

차명상은 정적인 요소와 동적인 요소를 다 갖추고 있고, 우리의 오감을 모두 활용하기 때문에 현대인들에게 효과적인 명상법입니다. 또한 같은 원리를 응용해 식사나 운동, 휴식 등 일상생활에서 명상을 체험할 수 있는 장점이 있습니다. 차명상이 생활 전반에 걸쳐 확대된다면 삶의 질은 더욱 높아지게 될 것입니다.

명상잔

10분 만에 체험하는 차명상

한잔의 차와 연꽃 찻잔이 나를 명상 속으로 인도한다고 생각해 보십시오. 차명상은 차의 맛과 향기의 흐름을 따라 끝없이 바라보면 어느새 자신의 마음그릇까지 보게 합니다. 바쁜 일상생활 속 작은 틈새마다 가져보는 명상시간, 그에 따른 효과는 무궁무진합니다. 다구와 차를 준비하여 차 한잔을 우려내고 이제 본격적으로 명상에 들어가 보겠습니다.

1. 먼저 찻잔을 한쪽 손바닥 위에 올려놓고 다른 손으로 살짝 감싸 쥐십시오. 잔이 뜨겁지 않을 경우에는 양손으로 감싸 쥐어도 상관없습니다. 각자 편안한 방식으로 찻잔을 들어보세요. 그런 다음 찻잔 든 손을 배꼽, 가슴 부위 혹은 편안히 발 위에 놓을 수도 있습니다. 이 또한 가장 편안하고 포근하다고 느끼는 위치에 자리를 정합니다.

봉녕사 청운당에서 차 마시는 저자

2. 눈을 감되 마치 눈을 뜨고 잔을 쳐다보듯이 마음으로 잔을 바라봅니다. 손에 쥔 찻잔과 나의 손과의 거리를 의식해 보세요. 잔의 따뜻함·질감·형태·무게 등 그때마다 인식은 조금씩 다르겠지만, 어떤 형태로든 잔에서 내 손에 전해지는 감각을 알 수 있을 것입니다. 사람에 따라 들고 있는 잔을 전혀 느끼지 못하는 사람도 있습니다. 이런 경우에는 손에 들고 있는 잔의 모양을 지속적으로 떠올려보세요. 실재하는 느낌을 아는 것이 아니라 머릿속으로 이미지를 만들어내는 과정이기 때문에 명상에 필요한 집중력을 계발해 줍니다. 나중에 어느 정도 집중력이 생기면 자연스럽게 작은 감각까지도 의식할 수 있을 것입니다. 이렇게 해도 잔에 집중이 되지 않으면, 눈을 뜨고 잔을 보든지 아니면 잔을 천천히 움직이며 잔의 움직임을 알아차려 보세요.

3. 2~3분 동안 잔의 질감 등을 지켜봅니다. 감각은 매순간 변하여 매일 명상을 할 때마다 다를 수 있습니다. 이를테면 따뜻함이 더 잘 알아차려질 때도 있고, 잔의 질감이 더 잘 감지될 때도 있을 것입니다. 또한 은은히 풍겨오는 차의 향기가 유난히 잘 지각될 때도 있을 것입니다. 그리고 어떤 날은 잔이 아니라 시계소리, 사람들의 말소리, 음악소리가 더 잘 들리기도 하고, 또 어떤 날은 발이나 엉덩이, 허리, 어깨의 통증과 결림이 더 잘 인식될 때도 있을 것입니다.

4. 잔의 질감이 의식되면 이번에는 천천히 잔을 들어올려 보세요. 아주 부드럽고 천천히 잔을 들어올리며 움직이는 작은 순간순간들을 마음의 눈으로 바라봅니다.

5. 잔을 입 가까이 들어올리며 천천히 찻잔을 입에 갖다 댑니다. 이 때 입술에 닿은 잔의 감각을 세밀하게 알아차려 봅니다. 이때는 찻잔에서 풍겨오는 향기나 온기가 감지되는 것도 인지해 보도록 합니다.

6. 차를 삼키면서 시냇물이 흐르듯이 상상하며, 찻물이 식도를 타고 흘러 내려가는 것을 상상해 봅니다.

7. 차를 마시며 몸에서 일어나는 감각을 알아차리며 차 맛의 변화를 감지하고 난 뒤, 다시 손을 천천히 내려 원래 위치로 되돌아옵니다. 이때 순간순간의 움직임을 잘 알아차리며 몸과 마음이 정화되었다고 생각하며 잔을 내려 놓습니다.

8. 합장하고 축원합니다. 시냇물이 흘러 바다에 이르듯 초생달이 둥근달이 되듯이 지각 있는 모든 존재들이 평안하기를, 행복하기를 기원합니다. 천천히 눈을 뜨고 차를 한 모금 마시고 몸의 변화를 살펴봅니다.

이렇게 잔의 질감·형태 등과 손의 움직임, 차 맛 등을 알아차리면서 무상無常과 무아無我를 의식하는 것이 차명상의 가장 기본적인 명상법입니다. 한걸음 더 나아가서 찻잔과 나의 손과의 거리를 명상합니다. 잔의 질감과 차의 맛 등을 의식하는 인식의 공간을 감지합니다. 대상과 나와의 공간을 감지하며 명상하면 나를 아는 기능과 함께 집중력이 계발됩니다. 찻잔을 잡은 손의 움직임을 인지하며 공간을 명상하면 나를 아는 기능은 물론 정신력도 길러집니다. 객체와 주체간의 공간을 알아차리는 명상은 공空을 인식하는 객관적 지혜를 오랫동안 작용하게 해줍니다.

다선일미 | 茶禪一味

다례와 수행

불교다례는 마음여행이며 마음수행입니다.
불교의 가르침은 갇힌 사고에서 자유롭게 되어
삶의 본질과 전인격을 완성하기 위한
바른 삶을 제시해 주는 지혜의 길입니다.
차 한잔 마시는 시간만이라도 질투심과 이기심이 없는
나를 바라볼 수 있다면
모든 종교의 올바른 가르침을 발견할 수 있습니다.

차와 명상수행은 보시와 지혜 등의 바라밀행에 도움이 됩니다. 한잔의 차로 욕심과 성냄 그리고 어리석음의 문을 걷어내고, 더불어 우리의 문화를 이해하는 시간을 갖자는 취지에서 차를 가까이 익힙니다. 수행생활의 긴장감에서 벗어나서 잠깐 한가한 시간도 가질 수 있습니다. 다례에서는 이를 두고, 스님들이 차를 통해 마음공부를 하고 이론과 실제의 두

개의 문을 없앤다 하여 '다선일미'라고 말합니다. 한 걸음 더 나아가 다양한 포교 현장에서 다도를 매개로 한 프로그램을 마련하여 전법과 수행의 하나로 활용할 수도 있습니다.

일반적으로 차를 마시고 싶지만 다례나 다법 등을 제대로 알지 못해 망설이는 사람들이 많습니다. 하지만 하루 일과 중에 잠깐 활력을 얻기 위해 홀로 마시는 차 한잔에 무슨 다도며 다법이 필요하겠습니까? 다도니 다법이니 하는 것은 전문가들의 일입니다. 일상에서 차를 다반사茶飯事로 즐기기 위해 꼭 알아야 할 상식은 관심만 가지면 쉽게 배울 수 있는 것들입니다.

어떤 종류의 차를, 몇 도의 물에, 어느 정도 우려내는 것이 차 맛을 가장 좋게 하는지만 알면 차를 편하게 대할 수 있습니다. 한잔의 차를 마시기 위해 물을 끓이고 찻물을 우려내는 과정들은 자기 스스로 수행하는 공간을 마련하는 일입니다. 다구를 앞에 놓고 마주 앉아 차를 마실 때, 차는 그 자체로서 대화상대가 됩니다. 차를 마시는 시간은 삶에 대해 다시 한 번 생각할 수 있는 시간이면서 멈춤의 미학이 무엇인지를 알게 해줍니다.

이와 같이 차를 우리고 마시는 법에는 어떤 왕도가 있는 것이 아닙니다. 차의 종류, 탕수, 다구, 차인의 마음가짐, 차문화에 대한 지식의 정도 등 많은 변수가 있기 때문입니다. 일반적인 방법들은 단지 참고자료로 활용하고, 본인 스스로 좋은 음다법을 터득하여 즐겁게 마시는 것이 가장 자연스런 방법입니다. 어떤 음다방법과 문화형식을 취하든 편안한 마음으로 정성껏 차를 대하면 차의 향기로운 멋을 누릴 수 있습니다.

참좋은 인연입니다

수안

홀로 앉아 차 마심에 만사를 쉬게 하고

둘이서 차 마심에 시간 가는 줄 알지 못하고

셋이서 차 마심에 문수보살 지혜 생겨나고

여럿이 차 마심에 태평성대를 논하도다

야외에서 행다하는 전국비구니차인회 스님들

한국불교의 차인茶人들

진감 혜소 국사 · 진각 혜심 국사 · 원감 국사

함허당 득통 선사 · 서산 대사 · 아암 혜장 선사

초의 선사 · 설봉 선사 · 경봉 선사 · 고산 선사

다시茶詩란 차를 통해 추구하고자 했던
이상理想을 주제로 읊은 시를 말합니다.
불가佛家의 스님들이 수행생활 가운데 차를 마시는 것은
수행의 경지를 드러내는 방편이 되기도 합니다.

한국불교의 차인茶人들

진감 혜소眞鑑慧昭 국사

신라시대 전주 출신인 혜소(774~850) 스님은 830년 당나라에서 긴 유학을 마치고 돌아올 때 차나무의 씨앗을 가지고 온 분으로 알려져 있습니다. 그 씨앗이 지금 쌍계사에 뿌려졌다고 합니다. 혜소 스님은 어려서 부모를 여의고 804년 당나라에 유학을 갔습니다. 창주滄州의 신감神鑑 대사 밑에서 승려가 되었고, 810년 숭산 소림사에서 구족계를 받고 종남산에 들어가 도를 닦았습니다. 귀국하여 선법을 전했는데, 그때마다 혜소 스님의 말씀을 들으려고 많은 사람들이 모여들었다고 합니다.

그러다가 지리산 화개골에 들어가 옥천사를 짓고 850년에 여생을 마치셨습니다. 이후 정강왕이 신라의 대학자이자 문장가인 최치원에게 옥천사를 쌍계사로 고치게 하고 진감국사비를 세우게 했는데, 최치원 역시 스님을 높이 찬탄했다고 합니다.

진각 혜심眞覺慧諶 국사

혜심(1178~1234) 스님은 보조 지눌 선사의 제자로서 스스로 무의자無衣子라고 했습니다. 한 편의 다시茶詩는 다심茶心을 함축적으로 보여주는 차 생활의 백미입니다. 혜심 스님의 시 두 편을 소개합니다.

오래 앉아 피곤한 긴긴밤에
차 달이며 무궁한 은혜 느끼네.
한 잔의 맑은 차는 어두운 마음 물리치고

뼈에 사무치는 맑은 기운 모든 시름 사라지네.

구좌성로영야중久坐成勞永夜中

자다비감혜무궁煮茶備感惠無窮

일배권각혼운진一盃卷却昏雲盡

철골청한만려공徹骨淸寒萬慮空

우뚝 솟은 바위산 몇 길인지 알 수 없고

그 위 높이 솟은 누대 하늘 끝에 닿았네.

북두 자루로 은하수 물 길어 밤차를 달이니

차 연기 구름되어 달 속 계수나무 감싸네.

암총흘흘지기심巖叢屹屹知幾尋

상유고대접천제上有高臺接天際

두작성하자야다斗酌星河煮夜茶

다연냉쇠월중계茶煙冷釗月中桂

　　북두칠성으로 은하수 물을 길어 차를 달이고, 차 달이는 연기는 다시 달 속에 있는 계수나무를 가린다고 했습니다. 이 시를 통하여 산 높고 골 깊은 운치 있는 곳에서 차 마시는 정취를 느낄 수 있습니다.

원감圓鑑 국사

　　원감(1226~1293) 스님은 17세 때 사마시에 합격하고, 19세에 예부시에 장원으로 뽑혀 영가서기永嘉書記를 지낸 적도 있습니다. 29세 때 불가에 입문하여 운수납자로 수행정진하여 자연 그대로가 부처의 경지임을 깨닫고, 다음과 같이 산속의 즐거움을 노래했습니다.

한 바릿대 밥 나물 한 쟁반

배고프면 밥 먹고 피곤하면 잠든다.

물 한 병 차 한 잔

목마르면 손수 차를 달인다.

반일우소일반飯一盂蔬一盤

기즉식혜인즉면飢則食兮因則眠

수일병다일조水一缾茶一銚

갈즉제래수자전渴則提來手自煎

함허당 득통涵虛堂得通 선사

득통(1376~1433) 스님은 무학 대사의 제자로, 한국불교 전통교육기관
의 기본 교과목에 대한 많은 주석서를 내셨습니다. 『원각경소』와 『금강반야오
가해설의』, 『현정론』, 『반야참문』, 『함허어록』 등이 전해오고 있습니다. 스님
의 '차를 권하는 시'를 소개합니다.

한잔 차는 한마음에서 나왔으니

한 마음은 차 한 잔에 담겨 있네

차를 마시며 한 번 맛봄에

끝없는 즐거움이 솟아나네.

일완다출일편심一椀茶出一片心

일편심재일완다一片心在一椀茶

당용일완다일상當用一椀茶一嘗

일상응생무량락一嘗應生無量樂

청허당 서산清虛堂西山 대사

서산(1520~1604) 대사는 임진왜란이 일어나자 선교양종판사禪敎兩宗
判事의 보직에 올랐습니다. 승군을 조직하여 평양 탈환의 공을 세우고, 이후
승군장의 직에서 물러나 금강산·태백산·오대산·묘향산 등지를 다니며 선
수행과 후학지도에 전념했습니다. 1604년 1월 묘향산 원적암圓寂庵에서 앉아
서 입적했습니다.

낮에는 차 한잔 마시고
밤이 되면 잠 한숨 잔다.
푸른 산 흰 구름과 함께
더불어 생사 없음을 말하네.
주래일완다晝來一椀茶
야래일장수夜來一場睡
청산여백운靑山與白雲
공설무생사共說無生死

흰 구름은 나의 옛 벗
밝은 달은 나의 일생
산 높고 골 깊은 곳에서
찾는 이 있어 차 한잔 드리네.
백운위고구白雲爲故舊
명월시생애明月是生涯
만학천봉리萬壑千峰裏
봉인즉권다逢人卽勸茶

첩첩산중 푸른 하늘에 유유히 떠가는 흰 구름과 밝은 달을 보며 선과 차의 세계에서 수행하신 스님의 넉넉하고 아름다운 정신세계를 보여주는 마음의 보석 같은 시입니다.

아암 혜장兒庵惠藏 선사

혜장(1772~1811) 스님은 전남 해남군 화산면에서 태어났으며, 속명은 김홍조金弘祚입니다. 스님의 호가 아암兒庵이기 때문에 '아암 혜장' 스님으로 불렸습니다. 다산 정약용과 초의艸衣 스님에게 차의 맛을 처음으로 깊이 알게 했던 차 스승이기도 했습니다. 어려서 출가하여 대둔사大芚寺에서 삭발을 하고 천묵天黙 스님 밑에서 배우셨습니다. 혜장 스님은 몸집이 작은 데다 소박하고 어리석은 듯이 보였으나, 여느 스님과는 기품이 달랐다고 합니다.

또 27세에 정암 스님에게 법을 구했으며, 당시의 대종사이신 연담蓮潭 스님과 운담 스님을 모셨습니다. 30세 때 공부하는 학승들의 학술대회인 '두륜회'의 주맹主盟이 되실 만큼 불교와 유교에 해박했습니다.

혜장 스님과 다산 정약용의 첫 만남은 1801년 겨울이라 전해지는데, 다산은 그 당시 백련사 주지인 혜장 스님을 만나서는 금방 차벗이 되었다고 합니다. 연배로는 혜장 스님이 조금 아래였지만 다산 역시 겸손하게 스님께 차를 배웠고, 혜장 스님 또한 다산이 강진에서 유배생활을 할 때 조용한 암자에서 책과 차를 즐길 수 있도록 배려해 주었다고 합니다.

혜장 스님은 백련사 부근에서 자라는 어린 찻잎으로 차를 만들어 보은 산방에 있는 다산에게 종종 보내주었습니다. 다산은 차가 오지 않으면 혜장 스님에게 차를 간절하게 요청하는 '걸명시乞茗詩'를 보내기도 했다고 합니다.

혜장 스님은 입적하기 전에 자신의 회한을 읊은 시 한 편을 다산에게 보낼 정
도로 둘은 각별했다고 합니다. 혜장 스님은 1796년 즉원卽圓 선사의 법을 이
어서, 대둔사의 강석講席(강사)을 맡아 이름을 떨치기도 했습니다.

주렴에 어린 산빛은 고요하여 더욱 아름답고
푸른 나무숲, 붉은 노을은 눈에 가득 곱구나.
어린 사미를 불러 차 끓여라 이르고 보니
베갯머리에 원래 시원한 약수가 있는 것을.
일렴산색정중선一簾山色靜中鮮
벽수단하만목연碧樹丹霞滿目妍
정촉사미수자명叮囑沙彌須煮茗
침두원유지장천枕頭原有地漿泉

산마루 고개 비탈에서 햇차를 따고
냇물 끌어다 꽃밭에 물 주네.
문득 둘러보니 하루 해는 기울고
그윽이 암자의 풍경소리 들리고
고목나무에 모여 앉은 갈가마귀
기쁘다 이처럼 한가롭고 즐겁고 기쁜 것이.
등령채다登嶺採茶
인수관화引水灌花
홀회수산일이사忽回首山日已斜
유암출경幽菴出磬
고수유아古樹有鴉
희여차한여차락여차가喜如此閒如此樂如此嘉

산마루 비탈에서 햇차를 따고, 대통으로 물을 끌어와 꽃밭에 물을 줍니다. 그러다 보면 하루 해가 또 저물고, 암자에서 들려오는 풍경소리, 잠잘 준비를 마치고 고목나무 위에 모여앉은 갈가마귀 떼, 모든 것이 넉넉하고 아름답습니다. 혜장 스님은 이런 삶이 참 한가롭고 기쁘고 즐거우며 담백하다고 말합니다. 철 따라 차를 따서 만드는 혜장 스님의 한가로운 일상을 잘 보여주고 있는 시입니다.

초의草衣 선사

우리나라에는 대대로 깨달음을 얻으신 훌륭한 고승들이 참 많습니다. 하지만 그것을 '차'에만 국한시킨다면 가장 최고의 경지에 오른 분은 바로 초의(1786~1866) 스님입니다. 한국의 다도를 정립하신 분이기에 '다성茶聖'으로 추앙받는 초의 스님은 우리의 토산차를 예찬한 『동다송東茶頌』을 지은 분으로도 널리 알려졌습니다.

1786년에 태어난 초의 스님은 출가 전의 이름은 장의순張意恂입니다. 16세 때 전라남도 운흥사에서 출가하여 22세부터 전국을 다니면서 삼장三藏을 배우는 한편, 유교와 도교 등 여러 사상을 공부하는 데도 게을리하지 않았습니다.

한편 당시의 문인이었던 다산 정약용과 그의 아들 유산, 소치 허련, 그리고 평생의 벗인 추사 김정희 등과 폭넓게 교류했습니다. 추사와 함께 유배생활을 하던 정약용과 교류하면서 유학 경서를 읽고 실학정신도 함께 고민했으며 문장을 나누기도 했습니다. 그리고 차에 대해서도 많은 교류를 나눈 결과 초의 스님은 『동다송』을, 다산은 『동다기東茶記』를 지었습니다. 우리 토산차의 진가를 재조명하기에 이르러 마침내 한국의 다도가 중흥하게 된 것입니다.

초의 스님의 사상은 크게 선禪 사상과 다선일미茶禪一味 사상으로 표현할 수 있습니다. 그 중에서도 다선일미 사상은 차를 마시며 그 과정을 통해 법희선열法喜禪悅을 맛봄을 나타내는 것입니다. 즉 스님은 차茶 안에 부처님의 진리[法]와 명상[禪]의 기쁨이 한꺼번에 다 녹아 있다고 생각했습니다. 많은 불교다례에서와 마찬가지로 본 책에서도 초의 스님의 다선일미 사상을 바탕으로 기술한 것이 많습니다.

초의 스님은 조선후기 불교계에 명맥만 유지하던 우리 차와 다도를 중흥시킨 다도의 명인입니다. 또한 차에 관한 명저를 엮어 한국 고유의 차문화 역사와 우수성을 재조명하여 정립한 큰 공로자입니다.

초의 스님의 다선일미 사상은 차생활 속에서 부처님의 진리와 명상의 기쁨을 찾는 선풍을 일으켰습니다. 『만보전서萬寶全書』를 초록한 『다신전茶神傳』에서 초의 스님의 다향을 느껴봅니다.

물은 차의 몸이요
차는 물의 정신이라
수자다지체 水者茶之體
다자수지신 茶者水之神

초의 스님은 이후 대흥사의 동쪽 계곡으로 들어가 일지암을 짓고 40여년 동안 홀로 수행하면서 다선삼매茶禪三昧에 이르기도 했습니다. 이때 당나라 육우의 『다경』에 견주어 한국의 다경이라 불리는 『동다송』을 지었습니다. 초의 스님은 1866년 나이 80세, 법랍 65세로 대흥사에서 서쪽을 향해 가부좌하고 입적했습니다. 지금도 초의 스님의 차와 정신을 잇는 초의다맥*이 내려오고 있습니다. 다음은 『동다송』 제16송의 한 구절입니다.

옥화 한잔 기울이니 겨드랑이에 바람이 일고

몸은 가벼워지고 이미 맑은 경지에 통하니

밝은 달은 촛불 되고 또 나의 벗이 되어

흰 구름으로 자리 펴고 병풍을 치는구나

일경옥화풍생액一傾玉花風生腋

신경이섭상청경身輕已涉上淸境

명월위촉겸위우明月爲燭兼爲友

백운포석인작병白雲鋪席因作屏

설봉雪峰 선사

설봉(1890~1969) 스님은 해방 후 선학원 등 서울지역 사찰에 주석하며 조선불교의 정통성을 계승하기 위해 정화불사에 전력했습니다. 한국전쟁 후 범어사 내원암, 대각사, 선암사 등에서 맑은 차 향기로 후학들을 제접하며 수행하실 때 다시의 향기를 베푸셨습니다.

친소가 있으면 좋은 벗이 아니며

증애를 끊을 때가 바로 좋은 벗

내 이제 여러분께 받들어 권하니

조주선사 맑은 차 일미가 새롭네.

* 초의다맥草衣茶脈 : 다성茶聖 초의 스님의 차와 다선일미의 정신을 계승하는 다맥으로, 초대 초의 스님으 로부터 제2대 서암 스님, 제3대 쌍수 스님, 제4대 응송 스님, 제5대 고산 스님을 이어 쌍계사에서 계속 전승되고 있는 불교의 대표적인 다맥입니다. 다맥전수법회를 통해 다도의 근본맥을 전수해 오고 있습니다. 이 전수법회에서는 헌다례, 차 나눔자리, 창작다례 발표 등 다양한 다례법들이 펼쳐집니다. 저자는 초의다맥의 제6대 계승자입니다.

친소행처비량우親疎行處非良友

증애단시즉선린憎愛斷時即善隣

아금봉권제군자我今奉勸諸君子

조노청다일미신趙老淸茶一味新

경봉鏡峰 선사

경봉(1892~1982) 스님은 근세에 존경받는 선승 가운데 차문화의 전통을 계승한 분입니다. 다음에 소개한 시는 통도사 극락암 삼소굴에 주석하면서 선객들과 법담이 오가는 자리에서 차를 함께 나누며 남기신 다시입니다.

산은 산이요 물은 물이니

어떤 것이 옳으며 어떤 것이 그른가

하늘가에 달 오르고 골짜기에 꽃 피었네

삼경 한밤중에 백천리에 향기 퍼지니

차나 한잔 즐겨 마셔보네

산시산수시수山是山水是水

하자시하자비何者是何者非

월도천화개곡月到天花開谷

야삼경향백천夜三更香百千

호끽일완다好喫一椀茶

고산杲山 선사

고산(1933~2021) 스님은 해방되던 이듬해 출가하여 당대 대강백 고봉 스님으로부터 전강을 받고 불교학을 깊이 섭렵했습니다. 스님은 대한불교 조계종 스님들이 지켜야 할 계를 내리는 전계대화상과 하동 쌍계사의 방장을 역임하였으며, '일근천하무난사一勤天下無難事', 즉 부지런히 일하고 노력하면 천하에 어려운 일이 없다는 가르침을 전하였습니다. 1975년부터는 차의 본 고장인 쌍계사에 야생차 시배지始培地를 개척하여 화개동 차밭으로 일구어, 해마다 진감·초의 선사에게 헌다례를 올리며 초의다맥 전수식을 개최해온 고산 스님의 유지가 열반이후에도 이어지고 있습니다.

홀로 앉아 차 마심에 만사를 쉬게 하고
둘이서 차 마심에 시간 가는 줄 알지 못하고
셋이서 차 마심에 문수보살 지혜 생겨나고
여럿이 차 마심에 태평성대를 논하도다.
독좌음다휴만사獨坐飮茶休萬事
이인음다부지시二人飮茶不知時
삼인음다생지혜三人飮茶生智慧
제인음다론태평諸人飮茶論太平

대만 남투 세계다업박람회에서 불교다례의 선차를 시연하는 저자

한잔 차는 한마음에서 나왔으니
한 마음은 차 한 잔에 담겨 있네
차를 마시며 한 번 맛봄에
끝없는 즐거움이 솟아나네.

하동 야생차밭

차연茶緣을 인연因緣으로

　　부처님의 가르침을 행하며 살아야 하는 수행인의 한사람으로서 한 권의 책을 낸다는 것은 조심스러운 일이었습니다. 저는 어떤 분야를 막론하고 스님들이 쓴 책을 보면 그저 존경스럽기만 했습니다. 그 책들은 부처님의 가르침과 은혜를 널리 알려야겠다는 사명감에서 나오는 스님들의 원력이었음을 느낄 수 있었습니다. 저 또한 다른 스님들처럼 그동안 보고 배운 것들을 나누고 싶다는 생각에 이르니, 그 중 하나가 바로 차茶였습니다.

　　불가佛家에서는 많은 수행자들이 홀로 혹은 여럿이 차를 마시면서 몸과마음의 조화를 이루고자 노력해 왔습니다. 그것은 차를 마실 때에도 부처님의 깊은 뜻과 함께하려는 정신이 담겨 있기 때문입니다. 이렇게 유구한 세월 동안 불교다례와 차명상이 이어져 왔고, 사찰은 물론 일반인들에 이르기까지 차생활을 해왔는데, 오늘날에 이르러 사찰문화로만 남는 듯한 아쉬움이 있었습니다.

　　이제 겨우 팔관회와 연등회가 유네스코에 등재되었습니다. 국내문화의 틀을 넘어서 세계 속에 교류되고 있습니다. 이때 불교의 행다례 선명상도 더불어 함께 빛날 수 있게 되기를 바랍니다.

　　이 책이 부족하나마 불교다례에 대한 길잡이가 되어서 더욱 많은 이들이 차를 통하여 수행과 가까이하면 좋겠습니다. 더 나아가 다도에 더욱 많은 관심을 기울여서 지금보다 풍요롭고 여유있는 삶을 만날 수 있기를 기대해 봅니다.

그동안 차를 아끼는 많은 분들의 관심을 받으며 공부한 것을 정리해 보았습니다. 특히 전국비구니차인회 회원 스님들과 봉녕사 대중 스님들의 이해와 도움으로 용기를 낼 수 있었습니다. 한 잔의 차로써 부처님의 가르침을 다 나타낼 수는 없지만, 차를 가까이 하는 일상수행 가운데 법의 향기를 마음에 담을 수 있기를 발원합니다.

이 책이 나오기까지 사진 제공과 편집, 디자인과 교정 등 그 밖의 여러 분야에서 많은 도움을 주신 인연 있는 모든 분들께 깊은 감사의 마음을 전합니다. 또한 고산 스님의 『다도의범』, 석용운 스님의 『한국다예』, 지장 스님의 『차명상』, 지운 스님의 『자비수관과 뇌과학』, 이기원의 『다도』, 정영선의 『한국차문화』 등의 책에서 많은 도움을 받았습니다.

제가 출가하여 오랫동안 모시고 가르침을 받았던 스승이신 세주당 묘엄 큰스님의 열반 1주기 추모다례재를 맞이하여 차 한잔을 대신하여 이 책을 올리며 그리운 마음을 대신합니다. 차와 좋은 수행인연을 맺은 것 역시 부처님의 큰 은덕이라고 생각합니다. 이제 더 많은 인연을 맺기 위해 손을 내밀어 봅니다.

불교다례

초판발행 | 2012년 12월 28일
개정판발행 | 2025년 2월 28일

지은이 | 적연

사진 | ⓒ남기승, 광조, 장외술, 최용백, 안홍범, 봉녕사편집실
편집·디자인 | 신학수, 정경임, 이주희
제작 | 케이디자인 031-255-6670

펴낸이 | 오현옥
펴낸곳 | 봉녕사출판사
         경기도 수원시 팔달구 창룡대로 236-54
         등록번호 : 제771-97-00835
         홈페이지 : www.bongnyeongsa.org

ISBN 979-11-88859-19-1